Luis Cortés Rodríguez

Cómo hacer
una exposición oral

ARCO/LIBROS, S. L.

CUADERNOS DE
Lengua Española
Dirección: L. Gómez Torrego

1ª edición, 2018
2ª edición, 2024

© by Arco/Libros-La Muralla, S. L., 2024
Juan Bautista de Toledo, 28. 28002 Madrid
ISBN: 978-84-7635-966-2
Depósito legal M-2.125-2018
Impreso en España por Tórculo Comunicación Gráfica, S. A. (Santiago de Compostela)

ÍNDICE

Págs.

INTRODUCCIÓN 7

PRIMERA PARTE. COMPONENTES ESPECÍFICOS DE LA COMPETENCIA ORAL

1 COMPETENCIAS DE LOS MECANISMOS EXPLÍCITOS EN LA CONSTRUCCIÓN DEL DISCURSO. I. CORRECCIÓN Y CLARIDAD 11
   1.1 Principio de corrección 12
   1.2 Principio de claridad 15

2 COMPETENCIAS DE LOS MECANISMOS EXPLÍCITOS EN LA CONSTRUCCIÓN DEL DISCURSO. II. ADECUACIÓN Y EFICACIA 19
   2.1 Principio de adecuación 19
   2.2 Principio de eficacia 22

3 COMPETENCIAS DE LOS MECANISMOS NO VERBALES, PROSÓDICOS Y PARALINGÜÍSTICOS 26
   3.1 Competencias no verbales 26
   3.2 Competencias prosódicas y paralingüísticas 27

SEGUNDA PARTE. UNA EXPOSICIÓN ORAL

4 IDEAS GENERALES 29
   4.1 Materiales y tema de partida 29
   4.2 El orden como principio esencial 31

5 INICIO 33
   5.1 Instrucción 33
   5.2 Elaboración 35
      5.2.1 *La amenidad y el interés* 35
      5.2.2 *El adelanto de las partes del desarrollo* 37
   5.3 Exposición 39
      5.3.1 *Cinco cuestiones que se han de tener presentes antes de la primera exposición* 39
      5.3.2 *Cinco cuestiones que conviene plantear tras esta exposición* 40

6 DESARROLLO 41
   6.1 Instrucción 41
   6.2 Elaboración 43

| | | 6.2.1 | *Bloques informativos y el paso de uno a otro* .... | 44 |
| | | 6.2.2 | *Asuntos informativos y el paso de uno a otro* .... | 45 |

	6.3	Exposición	46
		6.3.1 *Cinco cuestiones que se han de tener presentes antes de la segunda exposición*	46
		6.3.2 *Cinco cuestiones que conviene plantear tras esta exposición*	47

7	Cierre	49
	7.1 Instrucción	49
	7.2 Elaboración	51
	7.2.1 *Ideas esenciales a modo de conclusión*	51
	7.2.2 *El cierre del cierre*	51
	7.3 Exposición	52
	7.3.1 *Cinco cuestiones que se han de tener presentes antes de la tercera exposición*	52
	7.3.2 *Cinco cuestiones que conviene plantear tras esta exposición*	53

TERCERA PARTE. EJERCICIOS

8	Ejercicio 1. Elaboración de una exposición. Título: «El discurso político»	55
	8.1 Materiales y tema de partida	55
	8.2 Inicio	55
	8.3 Desarrollo	58
	8.4 Cierre	62

9	Ejercicio 2. Elaboración de una exposición. Título: «Sobre el bien y el mal hablar»	64
	9.1 Materiales y tema de partida	64
	9.2 Inicio	64
	9.3 Desarrollo	66
	9.4 Cierre	68

| Bibliografía .... | 70 |

ANEXOS

Anexo	1	*El andaluz y la corrección*	71
Anexo	2	*De nuevo sobre los andaluces y sus 'deficiencias' comunicativas (I)*	73
Anexo	3	*De nuevo sobre los andaluces y sus 'deficiencias' comunicativas (y II)* ..	75
Anexo	4	*Sobre lenguaje político (I)*	77
Anexo	5	*Sobre lenguaje político (II)*	79
Anexo	6	*Sobre lenguaje político (III)*	81
Anexo	7	*Sobre lenguaje político (IV)*	83
Anexo	8	*Sobre lenguaje político (y V)*	85
Anexo	9	*¿Por qué sabemos si alguien habla mal o bien? (I)*	87
Anexo	10	*¿Por qué sabemos si alguien habla mal o bien? (II)*	89
Anexo	11	*¿Por qué sabemos si alguien habla mal o bien? (III)*	91
Anexo	12	*¿Por qué sabemos si alguien habla mal o bien? (y IV)*	93

INTRODUCCIÓN

A lo largo de muchos años, los alumnos españoles de los diferentes niveles docentes han tenido y siguen teniendo serias dificultades a la hora de enfrentarse con situaciones que requieran un uso formal de la lengua, como puede ser la exposición de un tema académico ante sus compañeros o ante un tribunal. Desgraciadamente, tales alumnos han sido y siguen siendo víctimas de unos programas de Lengua Española –Lengua Castellana, actualmente– que han dejado de lado su parte más productiva, la escritura y la práctica oral. Qué pasó para que ocurriera esto y, sobre todo, por qué resultará complicado conseguir superar esta deficiencia con los nuevos programas y con los nuevos libros de texto son cuestiones que hemos tratado recientemente en un artículo publicado en la revista *Tonos Digital* (Cortés, 2017); el fácil acceso a su lectura <goo.gl/SJNJE4> nos exime de cualquier comentario. Su contenido, no obstante, justifica en buena manera la utilidad de este otro trabajo que ahora presentamos y que pretendemos que vaya dirigido a un grupo diverso de lectores: de docentes de diferentes niveles de enseñanza, a estudiantes de Filología, Derecho o Ciencias de la Información, sin olvidar a cualquier persona interesada en conocer cómo elaborar una exposición oral.

Este Cuaderno es un adelanto de un plan de estudio de la enseñanza de la lengua oral en los diferentes niveles docentes, que se está desarrollando en la Universidad de Almería, concretamente en el seno del CySOC (Centro de Investigación «Comunicación y Sociedad»).

Conviene que hagamos, antes de empezar la práctica de la exposición oral, algunas observaciones. La primera tiene que ver con la obligación de determinar, si queremos que dicha práctica sea eficiente, la situación comunicativa en que centraremos la enseñanza, es decir, el género y el registro concretos en los que vamos a concentrar nuestros esfuerzos: entrevista, discurso, registro formal, coloquial, etc. Y esto es importante, porque serán tales condicionantes los que determinen la elección de los componentes específicos de la oralidad; sabemos que lo que puede resultar apropiado en un registro coloquial es posible que no lo sea en otro más formal y viceversa. En nuestro caso, hemos optado por la exposición académica, la presentación pública y oral de un tema en un ámbito universitario. Su enseñanza va a permitir que nuestros alumnos aprendan a presentar cualquier asunto, bien en el aula ante sus compañeros de estudio, bien ante un tribunal, bien en un discurso en la fiesta de fin de carrera, etc. Se trata, por tanto, de incidir en el aprendizaje del habla ante una determinada audiencia y con un tema específico.

La segunda observación nos lleva a simular para nuestras explicaciones un aula, con unos alumnos que expongan determinados temas ante sus compañeros; tales actuaciones, que tendrían una duración de entre diez y quince minutos, serían grabadas para el posterior análisis de sus aciertos y desaciertos, análisis que llevarían a cabo tanto los compañeros y profesores como también los ponentes. Estos han de ser conscientes de la necesidad inexcusable de la preparación de sus exposiciones. A partir de aquí, pueden salir bien o mal, pero sin tal trabajo –salvo extrañas circunstancias– siempre saldrán mal. Los tratadistas sobre estas cuestiones suelen decir que el mejor antídoto contra el miedo es la preparación; por ello, desde un principio, se habrá de insistir en que crear una exposición coherente y atractiva requiere un esfuerzo previo; es lo que podemos llamar el trabajo 'de casa': seleccionar las ideas que queremos transmitir, decidir cuáles precisan una mayor explicación, de qué anécdotas o recuerdos podemos valernos para hacer más próxima la presentación, determinar si vamos a entregar un ejemplar a los oyentes, si vamos a valernos de elementos auxiliares (transparencias, *powerpoint*...), qué orden podríamos seguir, etc. Recordemos que sin esfuerzo nunca se aprenderá nada. No obstante, parte de este primer apartado lo vamos a facilitar en las exposiciones que aquí elaboraremos, y lo haremos mediante determinados artículos periodísticos; sobre esta cuestión volveremos más tarde.

La tercera observación tiene que ver también con otra necesidad, pero esta sí que nos la va a facilitar, en gran manera, el conocimiento de los componentes específicos de la competencia oral; hablamos de los distintos niveles de expresión y su mezcolanza: existe el léxico, la sintaxis, la entonación, las citas eruditas, las anécdotas, los refranes, etc. ¿Cómo vamos a emplear la lengua para hacerla más próxima a nuestros oyentes?; ¿de qué manera nos vamos a apartar de esa idea tan extendida de que lo que vamos a usar es una modalidad oral y no escrita? Si es oral, que lo es, ¿cómo hemos de hacer algunas referencias al contexto?; ¿de qué forma puedo evitar que la entonación resulte poco enfática y que su tono sea monótono y aburrido?; ¿qué mecanismos habría de emplear para captar el interés de los oyentes?; ¿qué léxico podría ser el propio del lenguaje formal, sin que dé consigo en lo artificial o pedante?; ¿en algún momento podré valerme de ciertos recursos corteses con mis oyentes?; y la ironía, ¿es conveniente utilizarla en alguna parte de la intervención? Estas preocupaciones, entre otras, estarán presentes de forma importante en nuestro método de enseñanza, y todas ellas van a ser tratadas a lo largo de este libro.

Finalmente, hemos de indicar que antes de entrar en aspectos prácticos, relacionados con la elaboración de la exposición oral, hemos de ocuparnos, en la primera parte, de las competencias específicas necesarias para una mejora de dicha exposición; las vamos a agrupar en dos categorías:

1) Competencias de los mecanismos explícitos en la construcción del discurso.
2) Competencias de los mecanismos no verbales, prosódicos y paralingüísticos.

A la primera categoría, sin duda la más amplia, dedicaremos los capítulos 1 y 2; a la segunda, el capítulo 3.

PRIMERA PARTE
Componentes específicos de la competencia oral

Capítulo 1

COMPETENCIAS DE LOS MECANISMOS EXPLÍCITOS EN LA CONSTRUCCIÓN DEL DISCURSO. I. CORRECCIÓN Y CLARIDAD

Las competencias de los mecanismos explícitos en la construcción del discurso las asociaremos con las cuatro *virtutes* para la construcción del arte del «bien decir»; estos principios, serán los pilares en los que vamos a introducir algunos de los aspectos cuyo conocimiento consideramos necesario a la hora de elaborar una buena exposición.

- *Principio de corrección*: respeto por las normas gramaticales y por el léxico propio y genuino de la lengua que se use.
- *Principio de claridad*: debemos ser claros y precisos (huir de ambigüedades y confusiones). Esto implica exposiciones ordenadas y bien estructuradas, que requerirán el conocimiento de estrategias discursivas que doten a nuestro discurso de coherencia y claridad.
- *Principio de eficacia*: intentaremos evitar la monotonía y ser creativos; para ello, buscaremos las palabras, o su combinación, que sirvan mejor a nuestra intención; explotaremos las posibilidades expresivas de la lengua e intentaremos interesar a nuestro interlocutor; finalmente, evitaremos las expresiones triviales y muy gastadas.
- *Principio de adecuación*: haremos que nuestros mensajes sean apropiados y se atengan a las necesidades y a los intereses de los interlocutores, a la situación, al género y al registro.

De ciertos aspectos de los dos primeros principios, corrección y claridad, nos ocuparemos en este capítulo 1; de los principios de adecuación y eficacia lo haremos en el capítulo 2.

1.1 Principio de corrección

La mejor arma de defensa del principio de corrección es, sin duda, el empleo de los libros de estilo, de los manuales de español correcto y de los diccionarios de uso. En caso de no poder disponer de alguno de los buenos manuales publicados para el buen empleo del español, podremos siempre utilizar el *Diccionario panhispánico de dudas*, cuyo acceso es libre en el portal digital de la Academia. Igual que no concebimos a un albañil sin una paleta, una escuadra o un cincel, tampoco cabe hacerlo con quien pretende mejorar su discurso sin esas otras ayudas citadas.

La audición repetida de muchas exposiciones orales grabadas en nuestras clases de *Expresión oral*, asignatura impartida en los grados de Filología Hispánica y Humanidades en la Universidad de Almería, nos ha permitido seleccionar una serie de empleos erróneos cuya frecuencia de aparición resultó superior al resto. Son aspectos que se habrán de tratar en algunos momentos anteriores y posteriores a las exposiciones. Señalamos, a modo de ejemplo, los siguientes:

A.- *El mal empleo de los relativos.* Decía Unamuno, refiriéndose a los españoles, que le causaba tristeza el observar su incapacidad para aprovechar a los más dotados en tanto que en otros lugares sabían hacerlo hasta con los menos aptos. Y esto es aplicable al menguado uso que hacemos en el español hablado, por ejemplo, de nuestro rico sistema de relativos: *que, quien, cual, cuyo, cuando, donde* y *como*; tal desatino ha hecho que el relativo *que* se emplee de manera casi absoluta. Esta cicatería en el empleo se ve acompañada de otra irregularidad: la extendida omisión preposicional; o sea, olvidamos la preposición que en muchos casos debería preceder al relativo, con lo que llueve sobre mojado. En este estado de desatinos, dos preposiciones son las más omitidas: *a* y *en*.

B.- *El monótono uso de los conectores.* Algo parecido a lo que ocurre con los relativos, sucede con nuestros conectores. En el mejor de los casos cuando nos valemos de ellos, siempre suelen ser los mismos: si es causal, la relación se establecerá con *porque*; si es contraargumentativa, con *pero*; si es temporal, será *después*; si la relación es continuativa, *además*, etc. La competencia de nuestros alumnos se ha de reforzar en este sentido, por lo que han de practicar y ejercitarse en la idea de que para la causa, además de *porque*, han de emplear –con objeto de dar más riqueza a sus exposiciones– *ya que, puesto que, dado que*, etc.; han de saber que como conectores temporales (continuativos) está *después*, pero también *a continuación, más tarde, luego, inmediatamente, tan pronto como, entonces, una vez que, pasado un tiempo, posteriormente, finalmente, por último*, etc. Y todos están para usarse. Del mismo modo sucede con el continuativo *además*, que podremos alternar con *asimismo, también, es más, más aún, e incluso*, etc. Y así, con los tipos más importantes de conexión.

C.- *El deterioro en el manejo de las preposiciones.* El buen empleo preposicional no es sencillo, de ahí nuestra insistencia en su tratamiento antes y después de cualquier exposición. Como sabemos, uno de los casos en que más errores se suele cometer es en la combinación de *de + que*; el empleo de la preposición *de* con verbos como *decidir, saber, decir* y otros que no la rigen es muy habitual: *he decidido de que *vamos a ir al viaje*, etc. El intento de corregir ese error conduce con frecuencia a la supresión de la preposición en casos en que debe utilizarse. Sabemos que hay verbos, sustantivos, adjetivos, que rigen en algunas de sus construcciones la preposición *de*: *hablar de; harto de; la seguridad de*, etc. Si a esa preposición *de* ha de seguirle la conjunción *que*, aquella no puede suprimirse: *habló* de que *no podía venir*. Otros empleos frecuentes son: «*bajo* mi punto de vista», lo correcto es «*desde* mi punto de vista»; «*al* objeto de ver su casa», lo correcto es «*con* objeto de ver mi casa»; «en relación *a* esta cuestión», lo correcto es «en relación *con* esta cuestión»; «*en base a* lo dicho anteriormente», lo correcto: *a partir de / tomando como base / sobre la base de / según / de acuerdo con* lo dicho anteriormente; *a nivel de* (solo está permitido su uso cuando hay efectivamente niveles [a nivel del corazón]), etc.

D.- *La pérdida de la d intervocálica.* Es habitual que en el registro coloquial la lengua oral admita una cierta relajación articulatoria en la pronunciación en general y en la pérdida total del sonido /d/ en los participios, particularmente; en estos, esa pérdida es más frecuente en *-ado* que, por ejemplo, en *-ido*, pero las dos, incluso, pueden llegar a admitirse en familia, en el registro más coloquial. Sin embargo, cuando la situación comunicativa es más formal tal empleo no es correcto. Y no lo es porque en tal registro formal se ha de seguir la norma de los hablantes cultos de cada lugar, que suele coincidir con la norma estándar del español. «Pa» en lugar de «para»; «pos» en lugar de «pues», «Graná» en lugar de «Granada» u «operao» o «comío» en lugar de «operado» o «comido» no pertenecerán a esa habla culta local ni, por lo tanto, a la norma estándar del español culto, el modelo que hemos de imitar. En alguna región, como Andalucía, piensan algunos, erróneamente, que ese empleo (*acabao, tenío, comío*) es admisible, cualquiera que sea el registro, porque es un fenómeno propio de sus hablas; es más, lo comparan con el fenómeno del yeísmo en cuanto a su aceptación en la norma culta del español.

E.- *La utilización del léxico*. Hay cuatro empleos léxicos que conviene evitar en nuestras exposiciones:

a) *Léxico difuminado*, es decir, el empleo abundante de palabras excesivamente polisémicas, como los verbos 'tener', 'dar' hacer', etc., los sustantivos 'cosa', 'tema', 'asunto', 'cuestión', etc. o las formas pronominales 'esto', 'eso', etc.

b) *Léxico desgastado* por el uso, como pueden ser dichos y frases hechas del tipo «la carne en el asador», «cumplida cuenta», «palpitante actualidad», etc.; por ejemplo, hoy en España está muy de moda el adjetivo 'increíble', que suele emplearse para todo lo que pueda significar 'fantástico', 'extraordinario', 'inaudito', 'inexplicable', 'inusitado', 'inefable', 'extravagante', 'raro', 'inverosímil', etc.

c) *Léxico anglicado*, del que hemos de valernos, en ocasiones, por necesidad; si bien, en otras, su empleo resulta absurdo para denominar aspectos, objetos, etc. cuyos términos existen en español; así, cuando se habla de los 'vuelos domésticos' o de la 'liga de fútbol doméstica'; otros ejemplos podrían ser *speech*, anglicismo innecesario que debe sustituirse por sus equivalentes españoles 'discurso' o 'parlamento', o el término *recordman*, que se habría de evitar y sustituir por la voz española 'plusmarquista', común en cuanto al género (el/la plusmarquista).

d) *Léxico archisilábico*, que consiste en crear palabras innecesarias alargando algunas ya existentes, que son las correctas;

esta moda, que ya ha recibido varios nombres: 'polisilabismo', 'manía sesquipedálica', etc., tiene su origen, generalmente, en el desconocimiento de los mecanismos que se siguen a la hora de generar nuevas palabras. En español, de un verbo, 'influir', se crea un sustantivo 'influencia', sin que ya tenga sentido alargar esta última palabra para crear un nuevo verbo pertinente, '*influenciar', pues este significaría igual que el originario 'influir'; más disparatado aún resultaría concebir de ese falso verbo (*influenciar), un nuevo sustantivo '*influenciación', que significaría exactamente igual –aunque más pedante– que 'influencia'. Tales 'descubridores' no hablarán de 'peligro', sino de 'peligrosidad', ni van a ver 'intención', sino 'intencionalidad'; emplearán 'tensionar' en lugar de 'tensar', 'culpabilizar' en vez de 'culpar', 'concretizar' en lugar de 'concretar', etc.

1.2 Principio de claridad

Son cuestiones muy diferentes de las anteriores, pero de conocimiento tan necesario a la hora de elaborar una buena exposición. Intentaremos resumir el contenido de algunas de ellas, si bien, más adelante, en la parte práctica, serán ampliadas, especialmente la referida al orden en la exposición:

A.- *Debemos evitar que nuestros discursos sean redundantes.* Por falta de preparación o de fluidez, podemos caer, en ocasiones, en la repetición de una misma idea. Esto impide que los fragmentos contribuyan al avance informativo de nuestra exposición. Veamos dos casos, si bien tal grado de redundancia no es normal y su indicación solo se justifica para explicar mejor en qué consiste este tipo de atentado contra la claridad:

> pues sí // <u>entonces había pocos juguetes</u> // <u>no había casi ningún juguete</u> // veía una muñequilla de cartón / y nos volvíamos locos de contentos // y <u>entonces no había tantos juguetes</u> /// sí // yo ya tengo sesenta y tres años, sesenta y cuatro, sesenta y cuatro… // así que <u>pocos juguetes teníamos</u> // y lo/ y to(d)o lo valorábamos mucho // lo que ahora no lo valoran nada // que es tanto lo que tienen que to(do) lo tiran por el suelo// y a mí me da mucha lástima // me da mucha lástima porque <u>nosotros no teníamos juguetes</u> /// Le com-

pras un juguete / llegas / y al momento la (ha) desnuda(d)o to(do) // *pum,* AL SUELO TIRA(D)O // y me da mucha lástima // y no valoran na(da) // y *antes pues no había casi ningún juguete///.*

el barrio estupendo/ mu(y) tranquilico // <u>yo vivoo en mi casa</u> // no vivo en el barrio // <u>vivo en la casa/</u> como ya sabes// yy ya está /// No me preocupa a mí las vecinas // y es que nos metemos aquí en la casa / y no me preocupo yo dee si pasa /o no pasa algo a las vecinas/// Yo si me asomo a mi ventana o mi balcón doscientas veces / no me importa // bueno, <u>estoy en mi casa</u> // peroo preocuparme de las vecinas y eso no // <u>yo vivo en mi casa</u> y ya está ///

El bien hablar exige que cada nuevo acto discursivo aporte una nueva idea o, en otros casos, una reformulación de la noción anterior (corrección, rectificación, explicación, aclaración, etc.). Lo que es inadecuado, y por tanto se ha de evitar, es esa repetición constante y atolondrada de una misma idea, que es lo que hacen las dos personas entrevistadas.

B.- *Habrá que impedir que nuestros mensajes resulten ambiguos.* Entre los principios del bien hablar, como señalamos al inicio, está el de claridad; nuestras exposiciones, como cualquier tipo de mensaje, han de cumplir lo mejor posible su función comunicativa, y uno de los enemigos de este principio es la ambigüedad; hemos de intentar, por todos los medios, que nuestras exposiciones sean escuetas, claras y ordenadas; huyamos, por consiguiente, de la oscuridad y de la ambigüedad. A ello, habremos de unir cierto tacto para que nuestra contribución se manifieste tan informativa como sea necesaria, no más, y, por supuesto, que sea pertinente y no se ande por las ramas. Claro, si todo ello, que no es poco, va acompañado de un hálito de riqueza de estilo mediante una selección léxica adecuada, alguna comparación acertada, una argumentación oportuna, determinada cita pertinente, etc., estaremos consiguiendo una exposición diáfana, satisfactoria y elegante. La ambigüedad, a modo de ejemplo, se da en enunciados como estos:

Se deja desatendido un importante sector de la sociedad

¿Se refiere a un sector amplio o bien a un sector que sin ser amplio se considera conveniente atender por otras razones?

El Papa clama contra el 'abominable' abuso de menores en la misa del gallo

¿Podíamos pensar, como así era, que, aprovechando la misa del gallo, el papa arremetió contra el abuso de menores? Pero también cabía presuponer –lo que resultaba más impúdico– que el papa lamentara el abominable abuso de menores que se cometía en algunos lugares con motivo de la misa del gallo. Con lo fácil que hubiera sido expresarlo así: «Durante la misa del gallo, el papa clama contra el 'abominable' abuso de menores».

C.- *Debemos huir de un empleo pobre y monótono de los marcadores textuales, así como del uso de muletillas.* Hay una cierta tendencia a rellenar los problemas de fluidez que surgen a lo largo de una exposición con determinados elementos expletivos, cuya función es rellenar las lagunas que surgen cuando falla la conexión entre ideas o no encontramos el vocablo que deseamos. Cuando determinado elemento, en esa función, se repite con cierta frecuencia, tenemos las muletillas: *pues bueno, y bueno, la verdad que, o sea,* etc. Tal situación se da en tres momentos:

a) Al inicio de una intervención.
b) En el paso de una idea o acto discursivo a otra idea o acto discursivo.
c) Al final de la intervención.

En b), por ejemplo, es frecuente recurrir a la repetición de un expletivo o falso conector, lo que afea extraordinariamente a la par que puede dificultar la claridad al no usar el marcador textual correspondiente. Veamos un ejemplo de lo que se habrá de corregir:

> hombre / son tardes en las que uno pone el corazón / pone toda tu ilusión y toda tu esperanza // <u>entonces</u> cuando pasan esas tardes es verdad que el cuerpo ufff como que se afloja / o se poneen calma// <u>entonces</u> es cuando se ven las cosas [XXX] // y <u>entonces</u> me vino ese propio bajón que todos los toreros tenemos después de pasar por San Isidro //

La repetición de *entonces* confiere a la expresión una cierta monotonía y pobreza. ¿Por qué otros marcadores se puede sustituir en este fragmento? Si los tres casos, los sustituimos por *de manera que, en ese momento y así,* respectivamente, el contenido aparecerá más claro y mejor desde el punto de vista formal.

D.- *Debemos ordenar nuestro discurso.* Sobre este punto tan importante hablaremos con amplitud a partir del capítulo 4, donde se inicia la parte de aplicación. Adelantaremos, a modo de síntesis, que cualquier persona que pretenda hacer una exposición de unos ocho, diez, quince o, con mayor motivo, más minutos, tendrá que preparar de forma ordenada lo que va a decir, y ese orden supone disponer de un cañamazo que le permita saber el tiempo aproximado de estas partes (¿10%, 80%, 10%?). También ha de conocer la importancia del inicio, en el que, por un lado, se habrá de captar la atención de sus interlocutores mediante una anécdota, un dicho oportuno, una frase hecha relacionada con el tema, etc., y, por otro, habrá de adelantar los puntos esenciales de aquello de lo que se va a hablar. Estos puntos, que se extenderán en el desarrollo –la parte amplia de la exposición–, servirán, a modo de cimientos, para sostener el orden del bloque amplio de la exposición, a la par que con su alusión facilitará que los oyentes siempre sepan en qué parte de la intervención se halla el hablante; en dicho desarrollo, se intentará exponer de forma ordenada también las ideas que constituyen el cuerpo del discurso; se dará una importancia grande al paso, por ejemplo, de un tema a otro, para lo que se habrá de propiciar el uso de preguntas retóricas que permitan relacionar lo anterior con lo que sigue, etc. La parte final, breve como la inicial, servirá para resumir y repetir aquellas nociones que el orador considere que han de quedar grabadas en la mente de los oyentes. Esta división en partes va a servir a cualquier hablante de guía para presentar de forma clara, ordenada y eficaz lo que anteriormente ha preparado.

Capítulo 2

COMPETENCIAS DE LOS MECANISMOS EXPLÍCITOS EN LA CONSTRUCCIÓN DEL DISCURSO. II. ADECUACIÓN Y CLARIDAD

2.1 Principio de adecuación

Uno de los momentos más encantadores de la novela *El amigo Manso* de Galdós es cuando Máximo, el protagonista, está preparando su discurso de participación en una velada de la época, en la que poetas, músicos y oradores alternaban en el espectáculo; el personaje critica la falta de adecuación del habla empleada (que padece una cierta fiebre de erudición que considera ridícula) dado lo poco propicio del lugar (un salón nocturno) y del interlocutor (unas enjoyadas señoras más pendientes de otras partes de la velada que del discurso). Dice así:

> Librémonos de ellas (las embriagueces de la erudición) mayormente en ciertos actos, y aprendamos el arte de llevar a cada sitio y a cada momento lo que sea propio de uno y de otro y encaje en ambos con maravillosa precisión (Ed. Cátedra, págs. 276-277).

Y es que el lugar, un salón nocturno, no era el más apropiado para tal tipo de manifestaciones orales; por eso, recapacita el personaje galdosiano y defiende la conveniencia de practicar el arte de llevar a cada sitio y en cada momento lo que sea propio de uno y de otro y encaje en ambos con maravillosa precisión. El utilizar el tipo de lengua que la situación (familiar, medio-formal, formal o muy formal) requiera es un don propio de quienes saben hablar.

Este principio se asemeja a lo que los clásicos llamaban el *decoro*, o sea, la necesidad de adaptar el estilo de habla que empleemos en nuestra vida ordinaria –y no digamos nada en las situaciones más formales– al contexto en que tiene lugar la locución: espacio, campo de acción, relación con nuestro interlocutor, tema, etc.

A.- *Sin adecuación es complicada la comunicación.* Esto que decimos es tan obvio, tan natural, que el principio de adecuación está en la mente de todos nosotros a la hora de empezar cualquier tipo de interlocución. Quien prepara una breve exposición o un breve discurso de despedida lo hace sabiendo quiénes son sus interlocutores, y aplicará tal conocimiento incluso sin haber oído nunca hablar del citado principio; lo contrario sería un acto poco juicioso, como poner el carro delante de los bueyes. Decimos esto porque lo que puede funcionar bien en un determinado momento no tiene por qué hacerlo en otro. Una de las cosas en las que Isócrates hacía hincapié, como también Aristóteles, era en la importancia del *kairós* u oportunidad: un discurso tenía que estar adaptado a la ocasión. Una pincelada de humor, por ejemplo, en cualquier tipo de contacto verbal puede ser un acicate que haga la comunicación más agradable, más viva y más amena; ahora bien, si el intento de gracejo no es adecuado en ese momento, la sintonía entre los interlocutores saltará hecha añicos.

B.- *La bata, la chaqueta y el chaqué.* No sabemos si ya alguien sigue utilizando la bata para estar en casa; si los hay, saben que con ella no pueden –al menos no deben– ir a un acto público; una persona con tal atuendo en la cola de un cine no parece que dé una imagen adecuada socialmente. Para estas ocasiones se vestirán con otras prendas: pantalón, jersey, chaqueta, etc. La bata tiene su sitio y la chaqueta el suyo. Con el uso del habla pasa igual que con la vestimenta citada: existe un habla de la bata, un habla de la chaqueta y un habla del chaqué; esta última es la que se emplea en las situaciones solemnes y de la que ahora no nos vamos a ocupar. También existe un habla andrajosa y llena de impurezas. Las personas que dominan la lengua conocen varios registros y saben en cada momento cuál han de utilizar; por el contrario, las menos dotadas lingüísticamente solo emplean el único que conocen, mejor o peor, que suele ser el coloquial.

C.- *Lo que en ocasiones vale en un registro coloquial no vale en uno formal.* Así, en un contexto formal el manejo de ciertos coloquialismos puede resultar tan inapropiado como el uso, por ejemplo, de un léxico muy culto en una situación familiar. Hay términos que, si bien no son más correctos, pueden ser más adecuados cuando estamos con nuestros amigos en casa, aunque nunca deberíamos decirlos si estamos en un entorno formal. Así, podré decir en familia, hablando relajadamente, *alante,* variante reducida del adverbio de lugar *adelante,* que será la única correcta en situaciones de formalidad; igualmente ocurre con *acabao* en lugar de *acabado, adentro,* en lugar del único correcto en español, *dentro.* En un registro formal su uso es tan inadecuado como podría ser la ruptura del orden en la relación profesor/alumno mediante interpelaciones del tipo *¿qué hay, tío?*

D.- *Discreción y adecuación.* Ya indicamos que la persona que habla bien tiene esta disponibilidad de elegir, pues domina varios registros; en cambio, las personas menos dotadas lingüísticamente solo tienen uno, el menos formal, que, en la mayoría de los casos, utilizarán con dificultades. Se dice que es anónima esta cita: «Si quieres ser discreto, observa bien estos seis preceptos que te recomiendo: qué es lo que dices y dónde, de qué, a quién, cómo y cuándo». Pues viva el anónimo porque así no fallaremos con el principio de adecuación en nuestra exposición. ¿Ustedes imaginan, por ejemplo, un escrito para solicitar un trabajo con emoticonos o el lenguaje reducido de los mensajes? ¿Acaso conciben la utilización de un estilo recargado en una conversación ordinaria, en el ascensor, con nuestro vecino del quinto? Lo que en registros formales podría incluso pasar inadvertido –aunque nunca sea aconsejable– en el coloquio resulta tan impropio como si en él empleáramos términos como *argento, livor* o *adunco.* Serán todos actos donde brille por su ausencia el principio de adecuación, con la consiguiente quiebra de una comunicación positiva. Es el libro de estilo que nuestra experiencia nos da el que nos lleva a valernos de unas formas u otras, unas pronunciaciones más relajadas u otras; un léxico u otro o, incluso, una sintaxis u otra.

E.- *La exposición y su adecuación.* Esta forma de comunicación, como pública que es, tiene unos principios de adecuación que habrá que seguir. Además de los atentados contra los principios de corrección y claridad están estos otros a los que aludimos.

¿Quién no ha asistido a una conferencia o exposición en la que el orador se limitaba a leer unos papeles sin reparar para nada en los receptores de su mensaje? La adecuación en una exposición exige que la persona que hable se dirija repetidamente a sus interlocutores; no se trata de establecer un diálogo, que sería otro género, cuanto de hacer que quienes escuchan se identifiquen con el sujeto que expone; para ello, expresiones como *tal y como les dije hace unos minutos, ustedes saben que..., ¿han oído ustedes...?* cumplen tal función. Esta adecuación también conlleva, como veremos más adelante, el prestar atención con gestos y miradas a todos los asistentes. Cuanto mejor sepamos adornar esta actitud de naturalidad, tanto mejor y más eficaz resultará nuestra actuación.

2.2 Principio de eficacia

Ser eficaz en el uso de la lengua será saber trasmitir a nuestros interlocutores aquello que 'realmente' pretendemos decirles. Somos conscientes de que cuando hablamos 'negociamos', es decir, intentamos alcanzar algo: convencer a nuestro vecino para que no grite tanto, a nuestros hijos para que lleguen más temprano a casa o a nuestros compañeros para que acepten la cuestión que planteamos en nuestra exposición. De ahí la importancia de que nuestro mensaje se procese de manera que resulte eficaz. Solo así cumplirá su función. Curiosamente, este principio es el menos perceptible por parte de los oyentes, si bien es el que más influye en que lo dicho sea más convincente cuando lo intente ser; más irónico, cuando lo pretenda; más afectivo, cuando lo procure; más didáctico, cuando lo quiera; más persuasivo cuando lo desee; y también, más falaz cuando lo anhele o más manipulador cuando así se proponga.

A.- *La importancia de ser eficaz.* Para hacer que nuestra locución sea más *eficaz*, los hablantes afinaremos nuestra capacidad de expresión y buscaremos las palabras y los mecanismos que resalten la finalidad de esa intención: el uso de formas de cortesía, una cita oportuna, el ingenio de las comparaciones, una argumentación contundente, etc. Operaremos, a la hora de emitir nuestros mensajes, con las palabras y sus diferentes sentidos, con su orden y su posición, con su presencia o su ausencia, etc. Y habrá personas que lo sabrán hacer mejor y conseguirán lo que pretenden y otras que no, incluso muchas, aunque posiblemente menos de las que se piensa, que ni se lo planteen.

B.- *La eficacia y los otros principios.* El discurso ordinario, el de todos los días, será más eficaz, en primer lugar, si respeta los otros tres principios del bien hablar, especialmente, el de claridad y el de adecuación. Pocos aspectos hacen que un discurso sea más eficaz que el que consigue huir de la oscuridad y de la ambigüedad; el que es capaz de ser escueto, claro y ordenado a la hora de exponer nuestras ideas, o, por ejemplo, el que respeta el principio de adecuación. Esto es claro. Ahora bien, a esto habrá que añadir dos aspectos que ya sí son propios del principio de eficacia; por un lado, la habilidad que permita que la exposición se manifieste tan pertinente e informativa como sea necesaria, no más; por otro, la capacidad para dotar a la exposición de un hálito de riqueza de estilo mediante una selección léxica adecuada, alguna comparación acertada, un argumento oportuno, determinada cita pertinente, etc. Cualquier hablante pretenderá siempre obtener la aprobación de sus oyentes, mantener su interés, ser bien comprendido, y, sobre todo, que su discurso sea *eficaz*.

C.- *La cortesía como mecanismo de eficacia.* Uno de los mecanismos que podemos emplear para conseguir tal eficacia es la *cortesía lingüística*, entendido el término en un sentido amplio: seremos corteses en el uso de nuestra lengua cuando seamos capaces de conseguir que quienes nos escuchen se sientan cómodos y valorados en la interlocución. Cualquier hablante pretenderá siempre obtener la aprobación de sus oyentes, mantener su interés, ser bien comprendido. Pero, ¿cómo podemos ser corteses a la hora de hablar?

D.- *¿Cómo podemos ser corteses en nuestra exposición?* En primer lugar, por ejemplo, hemos de huir de parecer agresivos, pues tal tipo de descortesía suele tener en estas exposiciones consecuencias negativas en la actitud del público receptor, o sea de quienes nos escuchan; por ejemplo, hemos de esquivar un vocabulario en que aparezcan términos con connotaciones negativas y, por ende, desprestigiados socialmente; descortés resultará también la utilización de un lenguaje soez; habrá que adecuar los efectos discursivos de nuestro lenguaje –humor, ironía, etc.– a la situación propia del discurso. Todo ello resulta igualmente interesante a la hora de clasificar como lingüísticamente (des)cortés a una persona. No olvidemos que preservar la imagen de nuestros interlocutores contribuye a la conservación de la nuestra. Es lo mejor, lo más acertado y lo más eficaz. Ya lo afirmó hace ahora trescientos años F. Fénelon: «No basta con tener razón, mantenerla de una manera brusca y altanera es deshonrarla y echarla a perder». Todos sabemos que en cualquier actuación mantener una idea de forma grosera, violenta o arrogante hace que se pierda buena parte de su valor. No digamos cuando tal cosa hemos de padecerla directamente de una persona a la que hemos ido gustosamente a escuchar.

E.- *Hagamos de la argumentación un arma importante de la eficacia.* La argumentación, que consiste en dar razones para convencer, es un recurso que está presente en la esfera social; por ejemplo, en la publicidad (ayuda a vender un producto), en lo judicial (se emplea para defender o acusar de manera más convincente), en la política (se sirven de ella para persuadir); en nuestra vida familiar, laboral, para convencer a un amigo para que deje de beber o a nuestros hijos para que no abandonen los estudios. Si cuando hablamos, en general, negociamos, nada mejor para que esa negociación tenga un final feliz que la argumentación. Son las razones las que hacen que nuestra opinión sea reconocida y apreciada. Indudablemente, tal argumentación debe conducir al éxito comunicativo; el insulto, al fracaso. Las exposiciones han de potenciar la argumentación, pues sin duda será uno de los elementos básicos del principio de eficacia. Nuestras propuestas, por tanto, han de estar argumentadas.

F.- *Veamos un ejemplo de frustración argumentativa.* Partimos de un ejemplo que tomamos en su momento de un trabajo sobre argumentación, cuyo autor, lamentablemente, no recordamos. Sabemos que hoy algunas ciudades españolas como Bilbao, Sevilla, Santa Cruz de Tenerife, Valencia o Zaragoza han recuperado o están a punto de recuperar el tranvía. Imaginemos que cualquier hablante en una exposición se dirige a sus interlocutores con la intención de convencerlos de lo necesario que es tal medio de comunicación para una ciudad como la suya. Y lo hace de esta manera:

> Hemos de sentir todos la vergüenza que supone que nuestros antiguos tranvías hayan caído hace muchos años en el olvido; creemos que nuestra ciudad está moralmente obligada a restablecerlos ¡y urgentemente! Por eso antes os dije que yo era partidario...

Este sería un mensaje emotivo pero no eficaz, pues no da ni un solo argumento. Son muchas las cosas que caen en desuso y no pasa nada; ¿recuerdan ustedes aquellos carros de basura que apestaban nuestras avenidas hace cincuenta años? Es más, ¿qué significa que nuestras ciudades están moralmente obligadas? ¿Por qué? ¿No se tendrían por el mismo motivo que recuperar miles de objetos? Sin embargo, es una realidad el número de grandes ciudades europeas que lo utilizan o están incorporando dicho medio de transporte por cuestiones ecológicas, de comodidad y de habitabilidad; además, se ha demostrado que en todas las ciudades donde el tranvía se ha reintroducido el uso del transporte público se ha incrementado notablemente respecto a la media de otras ciudades. Todas estas sí hubieran sido buenas razones y, en consecuencia, argumentos para la defensa de su propuesta. Lo ideal, por tanto, es que junto a la emotividad en una exposición se emplee la argumentación. Es un arma de contundente *eficacia*.

Capítulo 3

COMPETENCIAS DE LOS MECANISMOS NO VERBALES, PROSÓDICOS Y PARALINGÜÍSTICOS

3.1 Competencias no verbales

Aunque tales competencias, como sucederá con el resto de ellas, serán tratadas abundantemente a lo largo de los capítulos posteriores, conviene desde el principio subrayar aquellas cuya incidencia ha sido mayor en las grabaciones hechas anteriormente de exposiciones orales, en la asignatura ya citada. Así, entre otras, podemos mencionar las siguientes:

A.- *Ubicación.* Es aconsejable que las primeras exposiciones se hagan con el auxilio de un atril con pie; este nos ayudará, en un primer momento, a ubicar las manos sobre él, así como a tener más facilidad a la hora de moverlas puntualmente. Además, al estar tras él y tener más fijo el cuerpo, las posibilidades de evitar el balanceo, que tanto afea una actuación, serán mayores. En caso de que no dispongamos de tal material, es aconsejable, al menos en esas primeras actuaciones, permanecer sentado. Siempre tendremos que intentar dominar el espacio y no que el espacio nos domine a nosotros.

B.- *Mirada.* Es interesante concienciarnos desde un principio de la necesidad de intentar repartir la mirada por toda la sala. Si en la ubicación sería un error el balanceo o el no saber qué hacer con las manos, en este apartado la equivocación estaría en dirigir nuestra vista siempre hacia la misma persona o hacia la misma zona de la sala. Parece evidente que mirar al suelo o al techo es aún más negativo que mirar a una sola persona. Evitemos estas actitudes.

C.- *Posición del cuerpo y gestualidad.* En caso de hablar de pie, tras el atril, hemos de intentar mantenernos erguidos, pero no forzados; la naturalidad y el erguimiento serán necesarios tanto si se está de pie como si permanecemos sentados. Los movimientos de brazos y manos han de ser suaves, naturales, que nunca puedan sugerir nerviosismo o brusquedad. Al igual que en la expresión oral hemos de huir de las muletillas, en el caso al que ahora nos referimos se han de evitar movimientos que puedan resultar repetitivos. La expresión facial ha de ser expresiva, que transmita proximidad a los compañeros que te oyen o al tribunal que te juzga.

D.- *Elementos de soporte.* Se podrá utilizar cualquier mecanismo de ayuda que mejore la presentación, pero de manera que no sustituya la exposición oral, base de esta práctica. Por tanto, cuando se requieran determinadas herramientas, empleo de *powerpoint* por ejemplo, estas han de funcionar solo como ayuda.

3.2 Competencias prosódicas y paralingüísticas

Los aspectos prosódicos son esenciales en una exposición oral. A este respecto, dos estudiosos del discurso oral, Vilá y Castellá (2014: 105), señalan lo siguiente:

> La voz y la entonación comunican directamente la emoción y reflejan el estado de ánimo del hablante. El orador experto domina la modulación de la voz, el ritmo y los silencios, y da una interpretación a su discurso, mientras que el aprendiz de orador suele apoyarse en la recitación casi literal de textos memorizados, sin naturalidad ni correspondencia entre el contenido del discurso y su entonación.

Tras este resumen sobre la importancia de los aspectos prosódicos poco queda por decir. Hagamos, no obstante, algunas recomendaciones a nuestros alumnos:

A.- *Fluidez.* Es el problema, posiblemente, más difícil de resolver. No obstante, a remediar la falta de fluidez ayuda el hablar despacio, el hacer las pausas un poquito más largas de lo habitual. Con ello, evitaremos, al menos en parte, ese *horror vacui*, horror al silencio, que todos llevamos muy mal y que tendemos a rellenar de cualquier manera. El problema de la falta de fluidez se 'compensa', desgraciadamente, con otra deficiencia mayor: el empleo de elementos innecesarios, de muletillas. Siempre será preferible el silencio buscado que cargar nuestro discurso de elementos innecesarios, que tanto lo desluce. Intentemos sustituir las dudas y vacilaciones por silencios buscados.

B.- *Entonación.* Debemos procurar una buena entonación. Esta, que se deriva de las distintas cualidades de la voz, es un instrumento valiosísimo a la hora de transmitir e interpretar los enunciados; su valor comunicativo es incalculable y, por tanto, un excelente instrumento de ayuda para el interlocutor a la hora de descifrar el mensaje. Hay personas que de por sí tienen una entonación monótona; en otras ocasiones, esta monotonía se puede producir por la falta de confianza en lo que decimos y cómo lo decimos. Ambas actuaciones tienen difícil solución, si bien hemos de atender y enseñar la necesidad de una entonación variada, en la que las curvas melódicas vengan sugeridas por determinados contenidos. Huyamos de un discurso plano, tanto como de una entonación forzada. La visión y análisis de las grabaciones tendrán en este punto un elemento muy importante de corrección o alabanza, pero siempre de enseñanza.

C.- *Volumen y ritmo.* Si la exposición no se oye en parte de la sala, quienes allí están no solo no van a enterarse de nada, sino que es posible que perturben a los demás para mostrar lo anómalo de la situación. Por eso, importa que de alguna manera sepamos si nuestra voz se escucha en toda la sala. De forma parecida, hemos de saber que un ritmo rápido, en el que con tanta frecuencia caemos quienes hablamos en público, perjudica la comprensión; de ahí que no descuidaremos la importancia que tienen sus pausas, sus silencios y su ritmo, que siempre habrá de ser, posiblemente, más lento de lo que creemos.

SEGUNDA PARTE

Una exposición oral

> En su propio lugar, todo está bien,
> todo es bueno, todo es grande.
>
> (Alphonse-Marie de Lamartine)

Capítulo 4

IDEAS GENERALES

4.1 Material y tema de partida

A partir de este momento, tanto para explicar nuestro método como para los dos ejercicios de la parte tercera del libro, nos valdremos de determinadas columnas periodísticas; en cada caso, serán tres, cuatro o cinco que se ocupan del mismo tema, y a partir de las cuales armaremos la exposición. En esta segunda parte, primera exposición, utilizaremos tres columnas publicadas en el periódico *La Voz de Almería*, en 2010[1]; tratan de las hablas andaluzas y del juicio negativo que de ellas, a veces, se tiene. A partir de su lectura (anexos 1, 2 y 3), llevaremos a cabo una primera exposición; intentaremos seleccionar un buen inicio, un buen desarrollo y un buen cierre, lo que iremos elaborando a lo largo de esta segunda parte. Adelantamos un resumen de los tres textos.

- En el primero, titulado «El andaluz y la corrección» (anexo 1), el autor defiende que los andaluces no sabemos hablar castellano ni los castellanos andaluz, si bien ambos dialectos, junto al canario, murciano, extremeño, etc., conforman lo que llamamos español; todos ellos son 'igualmente español', si bien cada uno de nosotros hablará el propio del lugar de su nacimiento. Es más, el dialecto andaluz está configurado por un conjunto de hablas que tienen rasgos comunes y rasgos diferenciales entre sí. Las hablas son variedades dentro de un conjunto de variedades. De este modo, el habla de Almería es muy

---

[1] Las noventa y cuatro columnas publicadas han sido recogidas en Cortés (2013).

diferente de la de Cádiz o de Sevilla. Hablar bien no depende, ni mucho menos, de la variedad –andaluza, murciana, castellana, etcétera– sino de la riqueza y adecuación léxica, de la forma de conectar los actos discursivos, de la manera de manejar las pausas, etcétera.

- El segundo se denomina «De nuevo sobre los andaluces y sus 'deficiencias' comunicativas (I)» (anexo 2), y en él se parte de la última idea expuesta anteriormente: no hay acentos mejores ni peores por haber nacido en Sevilla o en Lugo, pero sí hay, sin embargo, variantes más apartadas del español estándar: aquellas cuya pronunciación, léxico o morfosintaxis se separan de las normas cultas del habla de cada ciudad, por lo que tienen menos prestigio social. Y estas variantes, que suelen servir de estereotipos para las burlas de los imitadores, pueden ser emitidas por hablantes gallegos, aragoneses, vascos, catalanes, pasiegos, etcétera… y también, desgraciadamente, por muchos andaluces, demasiados. Para oponerse a esa idea de que los andaluces hablan mal se alude a un librito que dedicó a la oratoria española don Niceto Alcalá-Zamora; en él hacía una antología de los mejores oradores que había dado España hasta la Guerra Civil. Entre los catorce seleccionados, aparecían cinco andaluces: Antonio Cánovas del Castillo (nacido en Málaga, en 1828); Cristino Martos (Granada, 1830), Nicolás Salmerón (Alhama de Almería, 1838); Emilio Castelar (Cádiz, 1832), y Segismundo Moret (Cádiz, 1833). A los que habría que añadir al propio don Niceto, nacido en Priego de Córdoba.

- Finalmente, el artículo tercero, continuación de este último, tiene el mismo título con el indicador de segunda parte: «De nuevo sobre los andaluces y sus 'deficiencias' comunicativas (II)» (anexo 3). Trata, entre otras cuestiones, de que el habla almeriense, como la murciana o bogotana, sigue la norma meridional, la cual, opuesta a la castellana, se fue extendiendo debido al prestigio cultural, económico y social de la ciudad de Sevilla; su expansión llega a lugares como las Canarias o América. Por ello, la fonética en estas zonas es más relajada, menos académica que la castellana. En cambio, nuestra morfosintaxis es más pura, más reglamentada, más correcta, de lo que se dan algunos ejemplos. Un dialecto andaluz bien hablado exige rechazar tanto una posible pronunciación castellana, por artificial y forzada, como una pronunciación excesivamente relajada, cuando no vulgar. Un castellano diría, sin esfuerzo alguno, *son las seis*, cuya imitación por parte de un andaluz sería, en el mejor de los casos, algo artificioso, postizo, forzado. Un almeriense, por ejemplo, con escasa cultura, dirá, en esa misma situación, *son la^h sai^h*, una pronunciación vulgar, con excesiva apertura de la *e* de *seis* que llega a oírse casi como *a*; en cambio, otro almeriense, con un grado mayor de conocimiento, dirá normalmente *son la sei^h*, lo que sería español estándar, correcto, tanto como cualquier otro.

4.2 El orden como principio esencial

Muchas personas hemos sentido en algún momento la necesidad de preparar una exposición o un discurso de siete, diez o más minutos. En general, suele ser un trámite no muy atractivo, pues la elaboración y la posterior exposición pueden crear en cualquiera de nosotros muchas dudas con respecto a lo acertado o no de lo que podamos construir. Entre las consideraciones que cabría apuntar para su elaboración, posiblemente ninguna otra sería tan decisiva como el *orden*.

Son pocas las citas famosas que podemos considerar más desacertada que una de Montaigne. El humanista francés, personaje tan influyente en la Europa de la segunda mitad del siglo XVI, afirmó, en sus *Ensayos*, lo siguiente: «Virtud triste y sombría es el orden». La mala fortuna, pienso, hizo que tal disparate se fuera introduciendo en los diccionarios más conocidos de frases gloriosas. Es posible que no hayamos entendido el significado de lo dicho; ahora bien, si realmente es lo que cabe pensar que es, no deja de parecernos uno de los juicios más disparatados que jamás hayamos oído.

Sobre este mismo tema, más próximas al sentido común, me parecieron las ideas de Farías. ¿Que quién es Farías? Fue el entrenador de la selección venezolana de fútbol, también llamada *vinotinto*, 'vencedora moral' de la Copa de América celebrada en julio de 2011 en Argentina. Entre las frases que entonces emitió el citado entrenador, dos me parecieron muy significativas; la primera es esta: «Decidí ser entrenador, prepararme para organizar porque veía desparramarse el talento por la falta de planificación, de orden». Y la segunda, esta otra: «Primero tienes que ser un equipo ordenado y luego intentarlo. Conseguirlo ya depende de más factores». Una buena exposición, como tantas cosas en la vida, ha de crearse desde el orden. Decir lo que nos vaya viniendo a la mente es huir hacia un precipicio.

Aunque tal ordenación dependerá del tipo de género discursivo, la más habitual es la denominada *clásica*, ya fijada en la oratoria griega; esta dispone lo dicho en tres apartados: *presentación, desarrollo* y *cierre*. La duración aproximada de cada una de estas partes (10/15%, 70/80% y 10/15%) no es, sin embargo, proporcional a su importancia.

Señalaba Quintiliano, junto a Isócrates el mejor profesor de Retórica del mundo antiguo, que si bien el orador ha de tender en todas las partes del discurso a mantener vivos los sentimientos, esta preocupación deberá ser mayor al inicio de su intervención y, de manera muy especial, en la peroración final, parte dominada por la amplificación.

Dicho lo dicho, cuando decidamos preparar nuestra exposición no hemos de olvidar un consejo que suelen dar los tratadistas del tema: construya una buena presentación y un buen cierre, y a partir de ahí casi puede permitirse el lujo de insertar, en medio, cualquier tema algo interesante y ordenado. Hay una parte de verdad en ello, pues en la presentación no está solo lo que decimos –que tiene una gran importancia para el resto de la intervención–, sino que, en el caso de que el público nos esté oyendo por primera vez, nos estamos dando a conocer como personas, como ponentes; ofrecemos nuestra primera imagen, y esa será difícil poder cambiarla posteriormente. Los primeros minutos, además de cruciales, son difíciles y comprometidos para el hablante. El nerviosismo suele siempre estar presente; por ello se recomienda a quienes elaboran sus exposiciones o discursos que empiecen con alguna cuestión que la hayan preparado y ensayado previamente, a la par que pueda resultar interesante para los oyentes. El inicio, por tanto, hay que llevarlo bien entrenado, aunque se pueda hacer ver que ha surgido sobre la marcha, cuando uno llegaba al lugar del acto o cuando vio a determinados amigos antes de la actuación. Si cualquier hablante inicia esta parte con titubeos, con dudas, con incoherencias, la travesía será un suplicio para los oyentes y para él mismo.

Tan importante como el inicio es el cierre; aquí, ya, por fortuna, el nerviosismo suele haber desaparecido. La clausura de un discurso –como el de un concierto musical, el de un espectáculo circense o el de un telediario– siempre merecerá un trato especial, pues no en vano incidirá sustancialmente a la hora de forjarnos una idea positiva o negativa del evento. Podríamos decir aquello de que ninguna cuestión queda nunca concluida hasta que se concluye bien. O recordemos la opinión antes aludida de Quintiliano; ¿no les parece suficiente? De inicios, desarrollos y cierres hablaremos en los próximos apartados.

Capítulo 5

INICIO

> ¡Oh vieja Celestina, vas alegre! Sábete que la mitad está hecha cuando tienen buen principio las cosas.
>
> (Fernando DE ROJAS)

5.1 Instrucción

Un buen inicio, decíamos, por un lado ha de intentar ganar el interés del público y, por otro, ha de ayudar a crear una buena imagen del hablante; si este consigue hacerlo bien en esos primeros minutos, se librará de buena parte del nerviosismo que, por desgracia, suele acompañar en todos los comienzos. Es más, le servirá para aumentar su confianza con vistas a lo que le queda por decir. Sin duda, es el momento más difícil de una exposición tanto porque nuestro ánimo está algo alterado, como porque es el instante en que la citada exposición necesita un 'atractivo' especial. Todo ello lo hace tan complicado que lo último que se suele saber es por dónde empezar. Dejémoslo siempre, en consecuencia, para el final.

Entre los múltiples consejos que se podrían dar para su elaboración, vamos a quedarnos con tres:

a) Cuando iniciamos una exposición, no hemos de pensar tanto en captar la benevolencia de nuestros oyentes cuanto su confianza. Hemos asistido a muchas conferencias en las que el orador iniciaba su actuación con disculpas innecesarias: el escaso tiempo que ha tenido para preparar el tema, lo poco capacitado que se siente para opinar de esta cuestión o lo mal que lo pasa en este tipo de actos. El empezar con una disculpa así, en aras de una supuesta modestia, puede servir para captar algo de benevolencia en los oyentes pero también sin duda para ganar su desconfianza. Mal inicio.

b) Como conocen todos los periodistas –y dice el sentido común– la selección de noticias no se realiza al libre albedrío, sino que está sujeta a una serie de criterios, unos parámetros que indican en términos generales qué hechos son noticiables y cuáles no, cuándo son más y cuándo son menos. De mayor a menor están: la importancia de la noticia, su interés, su actualidad, su proximidad, etc. Algo parecido ocurre con los inicios: resultará mucho más atractivo para los oyentes que el hablante comience su actuación con una noticia, una anécdota, un pasaje de su vida, etc., que justifiquen el tema que va a presentar. En determinados tipos de actos, por ejemplo una conferencia, no se descarta un inicio con protagonistas conocidos por el auditorio en situaciones parecidas; por ejemplo: «Recuerdo que hace un par de años asistí a un acto como este; la persona que hablaba entonces era un colega y amigo de la Universidad de Valencia, el Dr. Pérez Pérez; en su conferencia defendió la idea de que…».

c) Hay determinados comienzos que no garantizan, *a priori*, el éxito o el fracaso, pero con ambos se puede uno encontrar, dependiendo del tino con que se manejen. Nos referimos a varias cuestiones: *a)* las *citas* literarias o de otro tipo, que pueden venir como 'anillo al dedo'; si no es así, pueden parecer pedantes y rebuscadas; tales citas se podrán emplear en cualquier tipo de exposición oral, pero no así *b* y *c*, que se han de desdeñar, por ejemplo, ante un tribunal académico; *b)* la *ironía*, que si se sabe utilizar es una forma estupenda de romper un poquito la distancia entre el orador y su público; si es afortunada, podemos conseguir ganar también la atención y sugerir a nuestros oyentes la amenidad del resto de la intervención, pero si es mal entendida o poco sugerente, por tanto desacertada, puede resultar incluso insultante. Su uso es peligroso, aunque no tanto como puede ocurrir en determinados tipos de discursos, menos en los académicos, con *c)* los *chistes* y las *bromas*. Si la broma es un elogio a los asistentes puede ser bien acogida, como si es una forma de reírse de sí mismo o algún comentario que ponga de manifiesto una situación absurda; en todos estos casos, puede ser positiva y superar los efectos que se pueden alcanzar con la ironía. Si es mal entendida o valorada como inapropiada por cualquier motivo, la intervención tendrá un lastre considerable. El inicio no podría ser peor.

Evidentemente, lo dicho hasta aquí, ya sea en una exposición ante tus compañeros, una presentación de un trabajo, un discurso de despedida, una conferencia, etc., tendrá que ir adornado con cierta 'espontaneidad controlada' que dé a la actuación un tono próximo, si estamos ante compañeros, o naturalidad, si hablamos en un acto más formal; ambas cuestiones serán del gusto de nuestros interlocutores. En ello, tendrán mucho que ver algunas habilidades oratorias: el uso de las pausas, el tono de voz, el movimiento de las manos o la conexión con el auditorio. No olvidemos que tan importante como tener conocimientos y creencias es saber comunicarlos eficazmente; si, además, somos capaces de conectar emocionalmente, nuestra capacidad de llegar a nuestros interlocutores será mayor. ¿Demasiadas cosas, verdad? Pero empecemos a intentarlo.

5.2 Elaboración

Estamos en el apartado *inicio*. Tras la lectura detenida de las tres columnas sobre el andaluz (anexos 1, 2 y 3), vamos a pensar cuál sería nuestro inicio, en sus dos partes: la primera, que ha de buscar la amenidad y el interés, y la segunda, que perseguirá el orden con el adelanto de los bloques temáticos en que vamos a dividir el desarrollo.

5.2.1 *La amenidad y el interés*

Las columnas periodísticas tienen en común con las exposiciones, entre otras cosas, la persecución de un inicio que sea ameno y que, por tanto, sirva para intentar ganar el interés del público. Si observamos los tres textos sobre el andaluz, esa fue la intención del autor en todos. En el primero, comienza con un hecho inmediato, personal, que a la par que capta la atención del lector sirve para justificar el artículo:

> El pasado treinta de diciembre, un colaborador asiduo de este periódico, Emilio Ruiz, tuvo la generosidad de referirse con esplendidez a las columnas que bajo el epígrafe «El español que hablamos» vengo publicando desde hace unos meses. Al mismo tiempo, me animaba a que dedicara alguna a responder a esta cuestión: ¿cómo respetar nuestro dialecto andaluz en los medios de comunicación sin atentar contra el español correcto? Aunque no sé si bien, voy a tratar de hacerlo. Me valdré para ello de una anécdota y dos puntualizaciones.

Y lo continúa con una anécdota, que se capta con interés y con facilidad por parte de quienes lo leen:

> La anécdota es muy conocida entre los estudiantes y profesores de las disciplinas filológicas; la cuenta Manuel Alvar, uno de los dialectólogos más prestigiosos del mundo hispánico. Hacía Don Manuel las encuestas para la elaboración del Atlas Lingüístico y Etnográfico de las Islas Canarias cuando un informante de la isla de La Palma, ante la pregunta ¿qué se habla aquí?; le contestó que allí hablaban español «porque castellano no lo sabemos hablar».

El columnista justifica dicha anécdota porque en la respuesta del palmero encuentra parte de la motivación de su escrito. De modo distinto a lo que ocurrirá en nuestras exposiciones, las columnas, al ser textos cortos, no requieren la parte segunda del inicio, el adelanto de los temas, que se sustituye por la razón que las motiva.

En la segunda columna, el inicio se relaciona con la actualidad, con comentarios surgidos en esas fechas, en telediarios y tertulias radiofónicas, según los cuales los andaluces no solo no pagan impuestos, sino que hablan muy mal:

> En el plazo de una semana, además de enterarme de que había regiones en España en las que no pagábamos impuestos al Estado, he oído en dos tertulias televisivas que a dos personas no se las entendía cuando hablaban porque eran andaluzas. En ese mismo período, me comenta una amiga que a una joven almeriense le ha propuesto su preparador de oposiciones que en la exposición oral de los temas intente imitar la norma castellana, o sea, como si hubiera nacido en Ciudad Real. Tales hechos me han traído a la memoria a aquella diputada catalana, hoy de actualidad por un vídeo, que acusó a la ministra de Fomento, Magdalena Álvarez, de hablar mal por su condición de andaluza.

A esos ataques, el autor añade, en el mismo sentido, una información personal acontecida a una joven, nacida y criada en Almería, a la que se le aconseja por parte de su preparador de oposiciones que el día de la prueba, en la exposición de los temas, no hable andaluz, sino castellano. El inicio suscita, pensamos, el interés y justifica la columna.

Finalmente, el del tercer texto (anexo 3) es aún, pensamos, más ameno, más directo y, por tanto, más proclive a ganar el favor del lector, aunque obviamente no sería el más adecuado para una exposición ante un tribunal, por ejemplo:

> Un maestro pregunta a uno de sus alumnos: *Juanito, ¿cuánto^h son tre^h y tre^h?*; el alumno contesta, *zai^h*; el profesor le dice que lo diga

un poco ma^h fino, y el alumno responde: *zaissss.* Y es que para nosotros, los andaluces, hablar *fino* es pronunciar las *eses* finales. No podemos negar que siempre haya existido un cierto complejo de inferioridad con respecto a nuestra habla, que, por contraste con otras, era considerada por nosotros mismos como *basta.* En nuestra infancia, cuando los complejos estaban más acentuados, no nos resultaba extraño aquel amigo que tras un breve periodo en Madrid intentaba adoptar, a su vuelta a Almería, la nueva pronunciación; o ese otro que, tras una estancia, que no iba más allá de unos meses, en los aledaños de Barcelona, volvía imitando el acento catalán. Afortunadamente, eran otros tiempos.

En consecuencia, para el inicio de nuestra exposición podríamos decidirnos por cualquiera de estos comienzos, pero hemos de elegir uno. Dependerá del tipo de interlocutor que tengamos. Si fuera la presentación de un trabajo académico ante un tribunal, elegiríamos la anécdota del artículo primero (Alvar y el palmero); si fuera una exposición en clase, ante compañeros, para nosotros –lo que podría no ser compartido por quienes asistan a la exposición– el tercero, el chiste, nos parece que suscita mayor amenidad e interés para el oyente.

Comencemos el esquema ya de esta manera:

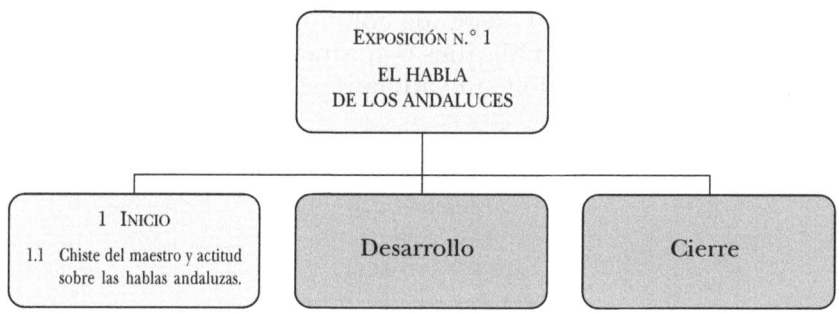

5.2.2 *El adelanto de las partes del desarrollo*

Ya dijimos que una exposición ha de ser ordenada, por lo que es conveniente que en la segunda parte del inicio destaquemos cómo va a ser ese orden, lo que podemos llevar a cabo estableciendo los bloques temáticos en que vamos a dividir el desarrollo.

Está claro que una exposición de cinco, siete o más minutos no puede ser igual, en este aspecto, que una columna periodística. Para ello, es imprescindible que en nuestra detenida lectura vayamos anotando los temas que consideramos esenciales en el conjunto de las tres columnas. Aquí, como en cualquier selección que hagan distintas personas, las opiniones serán diversas y las opciones múltiples.

Para nosotros, una opinión más en este caso, se podría establecer una división temática tripartita. Habría una primera parte en que nos ocuparíamos de la aclaración terminológica, tantas veces confundida, entre andaluz, castellano y español, lo que nos sugiere un importante debate tanto del andaluz como de sus rasgos esenciales y de su pertenencia. En segundo lugar, y por tanto parte segunda del desarrollo, podríamos considerar el tema de las falsas creencias sobre el andaluz y la confusión en este de lo que es correcto –y por tanto español estándar– y esas variedades apartadas de las normas de las hablas andaluzas, y, consecuentemente, alejadas de dicho español estándar. Finalmente, en la parte tercera, frente al complejo de inferioridad mantenido aún por muchas personas cuando comparan las hablas andaluzas con las castellanas, aludiríamos y comentaríamos el librito de Alcalá-Zamora (1946/2002) titulado *Oratoria española* y al que ya aludimos al resumir la segunda columna.

Estos serían los tres bloques o apartados en que vamos a dividir nuestro desarrollo y que adelantaríamos en la parte final del inicio:

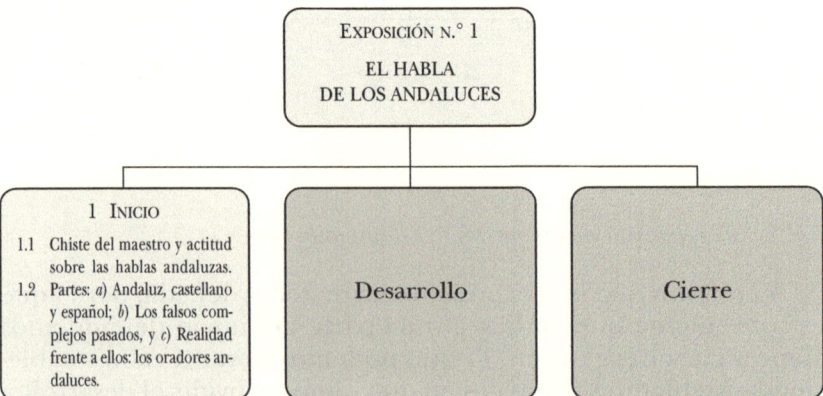

5.3 Exposición

Imaginemos el momento de la primera exposición; esta, como el resto, se llevará a cabo en el aula ante el profesor y el alumnado del curso. La intervención será grabada con objeto de que pueda ser, posteriormente, analizada con más facilidad y detenimiento por parte de los asistentes. Nuestra enseñanza, precisamente, se enriquece en gran manera con las cuestiones que se plantearán en clase tras la exposición llevada a cabo por el orador de turno. Pero ahora hablemos de determinados aspectos que habrá que tener presentes, entre otros, antes de iniciar el relato.

5.3.1 *Cinco cuestiones que se han de tener presentes antes de la primera exposición*

a) No olviden que saber qué se va a decir proporciona mucha confianza al hablante. Y si, además, tenemos bien marcadas las partes de nuestros discursos así como las conexiones entre estas, esa confianza será todavía mayor. Por eso, por favor, cuiden esa preparación y tengan delante escritas algunas notas que les sirvan de ayuda.

b) Recuerden que un problema con el que se van a encontrar a la hora de hablar en público es el *miedo*, la *ansiedad*. Pero no se preocupen, porque el miedo se vence poco a poco, a medida que vayan adquiriendo un mayor conocimiento y práctica. Ese miedo ya lo habrán sufrido si, previamente a la exposición en público, han ensayado y grabado, en soledad, su exposición. Nunca olviden que frente al miedo, preparación.

c) Hablen despacio. Tengan presente que lo normal es hablar más rápido de lo que uno imagina. Intenten, por tanto, cuando empiecen su exposición, hacer un esfuerzo para hablar despacio. Si lo consiguen, tendrán más tiempo para pensar y sus oyentes entenderán mucho mejor lo que les digan. Intenten comprobarlo en su casa, antes de hacerlo en público.

d) Cuando insistimos en la idea de que hablen despacio, hemos de huir de caer en la monotonía. Esto quiere decir que el hablar despacio no es incompatible, sino todo lo contrario, con la utilización, siempre necesaria, de pausas mayores, cadencias más o menos lentas, pronunciadas curvas de entonación, etc. Lo mismo que suelen hacer cuando hablan con sus amigos o familiares.

e) Si pueden valerse de un atril de pie o, en su defecto, de algún otro instrumento que tenga una altura parecida será mucho mejor; de esa manera aprenden a no balancearse cuando hablen, a tener un soporte que les ayudará en la posición del cuerpo y, finalmente, les servirá para intentar vencer el problema de no saber, a veces, qué hacer con las manos.

5.3.2 *Cinco cuestiones que conviene plantear tras esta exposición*

a) Tras la exposición, los compañeros que han asistido tanto a ella como al visionado de la grabación plantearán al orador cuestiones tales como ¿estaba muy nervioso al inicio?; ¿tendría que haber hablado más despacio?; ¿qué ha hecho con las manos?; ¿se ha balanceado?; ¿ha mirado excesivamente los apuntes?; ¿llevaba bien preparado el inicio? Para todas las cuestiones, nos serviremos, como prueba de lo que decimos, de la grabación llevada a cabo.

b) ¿Por qué se ha decantado por ese inicio?; ¿en qué otras posibilidades había pensado? También es necesario compartir las ideas del orador con las sugerencias y soluciones que a tales cuestiones dieron sus compañeros; por ello, no faltarán preguntas como: ¿cuál es la opinión de los compañeros?; ¿consideraban que era el mejor inicio o algunos se han decantado por otro?; ¿por qué?; ¿qué piensa el profesor?; ¿su selección hubiera sido la misma o distinta?

c) ¿Cómo ha relacionado la primera parte del inicio con la segunda?; ¿qué mecanismo o mecanismos ha empleado para pasar de una parte a otra?; ¿podemos analizarlos detenidamente en el vídeo?; ¿pensó en alguna otra opción?; ¿los compañeros están de acuerdo o ellos lo habrían hecho de otro modo?; ¿de cuál?; ¿por qué?; el profesor ¿qué habría hecho?; ¿qué le gustó y qué no le gustó?

d) ¿El léxico ha sido el adecuado?; ¿ha sido demasiado rebuscado y, por tanto, sonaba algo artificial?; ¿ha empleado algunos coloquialismos que sobraban?; ¿cuáles?; ¿podemos captarlos en la grabación?; ¿sus compañeros lo han considerado oportuno y adecuado?; ¿han anotado algunos usos léxicos desacertados o acertados?; ¿cuál ha sido el criterio?; ¿qué piensa el profesor?

e) ¿Cómo ha empleado los participios en *ado, ido*?; ¿ha recordado que estamos ante una situación de habla formal y, por tanto, ha evitado la supresión de la *d* intervocálica?; ¿cómo han visto este apartado los compañeros?; ¿y el profesor? Sobre esta y algunas otras cuestiones planteadas aquí, volveremos en las exposiciones siguientes.

Capítulo 6

DESARROLLO

> El socorro en la necesidad,
> aunque sea poco ayuda mucho.
>
> (Mateo Alemán)

6.1 Instrucción

Decía Galileo que hablar oscuramente lo sabe hacer cualquiera, pero con claridad y con orden muy pocas personas. Si el orden, además de la claridad y la amenidad, ha de presidir cualquier discurso, tal orden se ha de manifestar de manera más clara y explícita en el *desarrollo*, pues solo así este podrá ser bien asimilado por quienes siguen el discurso. La razón parece sencilla: en tanto que en el poco tiempo que puedan durar los inicios y los cierres es fácil asociar las ideas y crearnos una noción general de las historias, la mayor duración del desarrollo (70/80% de la intervención) hace mucho más complicado el maridaje de unos asuntos con otros. Por eso han de ser varias las 'señales' de ayuda que ha de lanzar en este tramo a sus oyentes la persona que habla, si no quiere que la atención de estos se disperse con mayor facilidad.

Cuando hablamos de 'señales', nos referimos a determinados mecanismos que bien empleados sirven para ayudar al auditorio a sobrellevar esta parte larga del recorrido. Dichas señales, en boca de un buen orador, cumplen diferentes funciones. A modo de ejemplo, y por cuestión de espacio, vamos a aludir solamente a dos. Por un lado, han de ayudar a que los oyentes sepan siempre en qué parte de su intervención está la persona que habla, de modo que se sientan capaces de asociar lo emitido con lo que se 'supone' que habrá de seguir. Por otro lado, una segunda misión ha de ser la de conducir a la audiencia a integrarse en la exposición, a que se sienta partícipe de ella. Nada más aborrecible en estos eventos que el recuerdo de aquellas personas que leen un papel y, además, lo hacen sin que sepamos por qué parte de la exposición se encuentran. Las dos funciones citadas harán posible un discurso más entendible, más ameno y más cercano. Y esto tendrá que tenerse muy presente en nuestras exposiciones y en nuestros planteamientos posteriores. Ahora bien, ¿qué mecanismos son estos y cómo se pueden emplear?

Ya hemos indicado anteriormente la conveniencia de que en el *inicio*, al presentar el tema sobre el que se va a hablar, el orador distribuya el contenido en varios apartados (dos, tres, cuatro, etc.), cuyas 'señales' podrían expresarse de esta u otras formas parecidas:

> *en primer lugar* hablaremos de [...]
> *el punto siguiente* al que quisiera referirme es [...]
> *en tercer lugar*... no quisiera olvidarme de [...]
> *finalmente*, voy a recordar algo que [...]

Una vez fijados estos puntos en el inicio, han de servirnos de vigas en las que sostener nuestro desarrollo. Serán los pilares en los que asentaremos la ordenación. Es más, han de ayudar a que los oyentes puedan saber, aproximadamente, el estado temático y cronológico del discurso: por dónde vamos y qué nos queda. La existencia de estas 'señales' será un aspecto esencial para la coherencia del desarrollo, tanto más cuanto mejor sea la conexión entre las partes establecidas. Decimos esto porque es frecuente entre quienes hacen exposiciones de este tipo que olviden esta última consideración, de manera que una vez terminado el primer punto se limiten a decir «*el punto siguiente al que quisiera referirme es...*». Y así respectivamente en cada uno de los apartados. Esta forma de actuación no solo afea la exposición, sino que resta cohesión al discurso. Para evitarla es conveniente dedicar los diez o veinte segundos que preceden al *punto siguiente*, a *en tercer lugar* y a *finalmente* a encajar el tema que estamos finalizando con el que se va a iniciar. Los apartados que hemos establecido no son cajas que se superpongan, sino elementos integrados en el discurso. ¿De qué forma podemos llevar a cabo tal integración?

Imaginemos que la primera parte (*en primer lugar*) de nuestro *desarrollo* se ha dedicado a la familia, y la segunda (*el punto siguiente*) la queremos dedicar al trabajo. Lo más oportuno no será cerrar el tema familiar y, sin más, proseguir de manera parecida a: «*el punto siguiente que vamos a tratar es el trabajo...*», sino que, muy al contrario, se habrá de conectar el tema familiar y el tema del trabajo en algún aspecto, antes de hacer explícitas ante el auditorio las 'señales' de conexión: «*hemos, por tanto, hablado de la familia, pero parece obvio que tras ella lo más importante es el trabajo... ahora bien, ¿cómo hemos de entender el término y cuál ha de ser su extensión? Es este el siguiente punto del que ocuparemos*». Igual haremos para los bloques siguientes, si bien en estos casos podremos referirnos, de una u otra manera en esos segundos, no solo al punto previo, sino también a algunos otros anteriores, con lo que la *cohesión textual* será mayor.

La segunda función, la incorporación del auditorio al discurso, exigirá alusiones más o menos constantes a quienes nos escuchan, dependiendo obviamente del tipo de exposición. Si estamos ante un tribunal que juzga nuestra exposición, tales referencias serán escasas, por no decir inexistentes. Si la exposición es ante público, sean nuestros compañeros de curso o cualquier otro, sí serán convenientes referencias como: «*bien sabemos todos que...*»; «*me gustaría que coincidiréis/coincidieran conmigo en...*»; «*podréis/podrán ver en este documento que...*»; «*en cuanto a esta última opinión, estoy seguro de que muchos de vosotros/ustedes estaréis/estarán pensando...*». No tiene sentido dar un discurso en público, sin público. Así de fácil. Pero así, también, de frecuente.

6.2 Elaboración

Hemos de recordar que ya tenemos establecidos los bloques en que vamos a dividir nuestro desarrollo, tal y como anunciamos en la segunda parte del inicio:

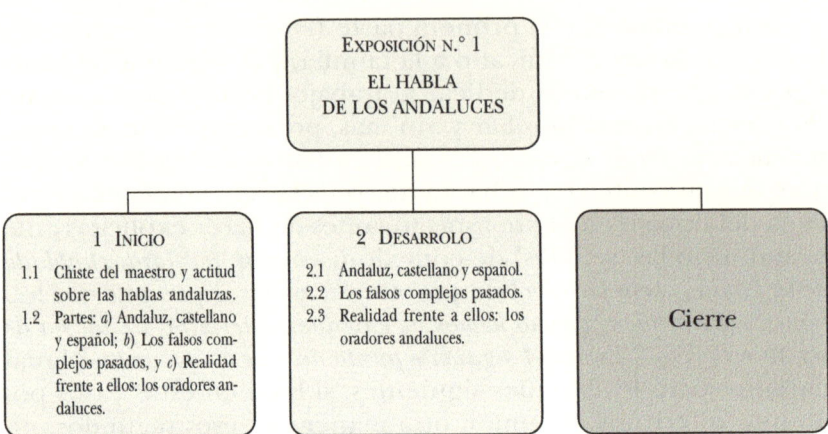

En principio, si el tiempo fijado para la exposición es de unos diez minutos, aproximadamente, hemos de pensar, *a priori*, en que cada punto de los tres del desarrollo podría tener una duración de entre dos y tres minutos.

6.2.1 *Bloques informativos y el paso de uno a otro*

El primer momento sobre el que cabe discurrir será el paso del final del inicio, donde hemos enumerado los tres apartados, al comienzo del primer bloque del desarrollo. En tal paso, hemos de evitar expresiones como «*vamos a comenzar por el primer punto que es...*», «*el primer punto, decíamos, trata el tema del...*», etc., sino que podríamos emplear un mecanismo muy aconsejable para inicios y cambios temáticos: la pregunta retórica, la pregunta que pregunta pero que no espera respuesta. Así, puesto que de lo que se va a tratar es de aclarar las diferencias entre andaluz, castellano y español, podríamos comenzar nuestro desarrollo con una serie de preguntas, con una pausa entre ellas más larga de la habitual en nuestra exposición. Con esa pausa mayor, conseguiremos dos objetivos; por un lado, al ser preguntas (aunque no esperen respuesta) dejaremos un poco de tiempo para que nuestros interlocutores puedan pensar en posibles respuestas; en segundo lugar, potenciaremos el interés tanto de las preguntas como de nuestras soluciones, parte de la exposición. Las interrogaciones que expresaremos, una a continuación de otra, pueden ser del tipo: *¿qué relación existe entre andaluz, castellano y español?; ¿hablamos de diferentes términos para la misma realidad?; ¿son hablas distintas?* Tras la preguntas, cabría añadir: «*Es un tema importante, que hemos de aclarar…*». A partir de este momento… comenzamos el punto primero y con él las diferencias y semejanzas.

El punto siguiente en que nos vamos a detener será en el paso del primer asunto, una vez finalizado, al segundo: *los falsos complejos pasados*. Se han de evitar, tal y como indicamos, expresiones que hagan referencia muy directa al final del tema tratado y al comienzo del nuevo, o sea, «*el punto siguiente que vamos a tratar es…*»; «*hemos hablado del andaluz, castellano y español y ahora el punto siguiente es…*», etc. Parece más interesante para la unidad de nuestra exposición incidir en la pregunta retórica a la hora de conectar el punto primero con el segundo; el procedimiento es muy parecido al que ya hemos visto para el inicio del punto primero. Se nos ocurre, entre las miles de fórmulas posibles, alguna que diga más o menos así: «*el hecho de que muchas personas hablen un mal andaluz y, en consecuencia, un mal español, ¿nos debe llevar a pensar que quienes hablamos el andaluz empleamos un dialecto inferior al de otras regiones de España, Castilla, por ejemplo?; ¿es cierto que hay una superioridad de la norma septentrional sobre la meridional a la hora de hablar español?; ¿no serán estas ideas prejuicios insostenibles en nuestros días? De posibles prejuicios vamos a hablar*».

Un procedimiento parecido se ha de emplear para el paso del bloque segundo, el que habla de prejuicios, al tercero, donde se alude, como contrargumento, a los grandes oradores andaluces.

6.2.2 *Asuntos informativos y el paso de uno a otro*

Además de los pasos entre bloques, también habrá que analizar y comentar el avance entre los distintos asuntos, o sea, el paso de un asunto a otro. Ese avance, por ejemplo, los políticos, en los discursos parlamentarios, lo suelen resolver con el término *señorías*, que implica tal cambio. Sin duda, la conexión de los temas mediante los marcadores textuales adecuados no es algo fácil; recordemos que un orador tan excelente como Felipe González empleaba con frecuencia el marcador *por consiguiente* para pasar de un asunto a otro, sin que hubiera relación de consecuencia entre ellos. Cuando un elemento de conexión se repite de manera automática al hablar, se convierte en una expresión más o menos estereotipada que se utiliza para lograr determinados fines; entre ellos, el poder superar las dificultades que surgen tanto al iniciar un tema como al pasar de uno a otro; con tales expresiones se intenta, por un lado, mantener el turno de habla huyendo del horror al vacío, al silencio, y, por otro, ganar tiempo para recuperarse de las dificultades que conlleva la fluidez en determinados momentos del discurso, donde se requieren pequeñas pausas para empezar un nuevo asunto o conectarlo con el anterior.

Estas muletillas, que suelen aparecer *a)* al inicio de la locución, *b)* en el paso de un tema a otro y *c)* al cierre de un asunto, llegan a ser molestas, por lo que se ha de controlar su uso. *Entonces, la verdad que, y bueno, pues bueno, por tanto, ¿verdad?; o sea, por consiguiente,* etc., podrán ser detectadas en la grabación de nuestras exposiciones. Además, no solo las afean en gran manera, sino que si algún interlocutor las descubre puede que esté más pendiente de ellas que de lo que se dice.

6.3 Exposición

6.3.1 *Cinco cuestiones que se han de tener presentes antes de la segunda exposición*

a) Como ya señalamos tras analizar la exposición del inicio, tenemos tendencia a hablar demasiado deprisa. A veces, por mucho que repetimos esta idea, los ponentes siguen hablando con excesiva rapidez; de ahí nuestra insistencia[2] en que intentemos hacerlo más pausadamente; recordemos aquello que ya dijimos: si somos capaces de hablar pausadamente tendremos más tiempo para pensar y sus compañeros lo entenderán mejor. Pero conviene evitar un tono monocorde, que haría caer en la monotonía.

b) Por favor, procuren no leer la exposición. Una cosa es que se valgan de unos apuntes o de otros artilugios técnicos (*powerpoint*, por

---

[2] Vamos a insistir una y otra vez en aspectos que consideramos importantes para la exposición, aunque ya hayamos hablado de ellos en apartados anteriores. No olvidemos que se trata de practicar lo dicho previamente.

ejemplo) y otra muy distinta es que tales ayudas les impidan hacer un ejercicio de expresión oral; por tanto, han de intentar no perder la fluidez expresiva en aras de la lectura del papel o de la pantalla.

c) No se olviden de otro aspecto de difícil ejecución: cuando estén hablando han de repartir la vista por toda la sala; evitarán fijarla en una sola persona, en una misma dirección; tengan presente que todas las personas que asisten merecen el mismo trato.

d) Procuren evitar, como ya advertimos previamente, el empleo de palabras demasiado genéricas, ambiguas; el uso repetido de un léxico difuminado, de palabras genéricas o comodines comporta una pobreza semántica notable. Hemos de evitar en nuestras exposiciones acudir a términos desgastados por el uso, a esos dichos y frases hechas del tipo «la carne en el asador», «cumplida cuenta», «palpitante actualidad», etc., a palabras excesivamente polisémicas, como los verbos 'tener', 'dar' hacer', etc., los sustantivos 'cosa', 'tema', 'asunto, 'cuestión', etc., o las formas pronominales 'esto', 'eso', etc. Por ejemplo, hoy en España está muy de moda el adjetivo *increíble*, que suele emplearse para todo lo que pueda significar: *fantástico, extraordinario, inaudito, inexplicable, inusitado, inefable, extravagante, raro, inverosímil,* etc.

e) No sabemos por qué cada día está más extendido en España el *dequeísmo*. Hace unos cincuenta años era más conocido en regiones de Hispanoamérica, pero hoy su uso se extiende por todas las regiones españolas; por ello conviene tomar conciencia de esta cuestión y prestarle la atención necesaria. El fenómeno contrario –omitir la preposición *de* cuando ha de aparecer exigida por el verbo– se llama *queísmo*. Hablaremos de *queísmo* en casos como: *me acuerdo que cuando era pequeño los niños se reían de mí; se enteró que nadie había preguntado por ella*; en estos casos sí es necesaria la preposición *de*, *me acuerdo de que; se enteró de que...* Recuerden estas incorrecciones, ya mencionadas previamente, cuando preparen su exposición.

6.3.2 *Cinco cuestiones que conviene plantear tras esta exposición*

a) Imaginemos que antes de decidirse por las partes en que iba a dividir el desarrollo se planteó algunas dudas y distintas posibilidades, ¿por qué optó, finalmente, por estos tres bloques?; ¿sus compañeros piensan igual o han establecido otros apartados?; ¿cuáles son sus motivos?; ¿qué opina el profesor al respecto?

b) ¿Qué mecanismos ha empleado para la conexión de las partes?; ¿ha utilizado preguntas retóricas?; ¿han sido otros los mecanismos aplicados?; ¿podemos ver esos momentos en la grabación?; ¿los ha resuelto con naturalidad?; ¿sus compañeros cómo lo han hecho?; ¿han usado otras argucias para la cohesión del contenido de la exposición? ¿Cuáles?

c) En la actuación grabada ha habido cosas positivas y negativas, que, consecuentemente, tendremos que tener en cuenta. Efectivamente, hemos hablado más despacio sin caer en la monotonía; ha habido variedad tonal, pero hemos movido demasiado el cuerpo tras el atril. Esto lo ha percibido y lo ha reconocido el propio ponente, pero sus compañeros ¿cómo lo han visto?; ¿qué les parecen los comentarios sobre su actuación hechos por el interesado?; ¿han percibido ellos también un balanceo excesivo?; ¿podemos ver la grabación?; ¿ha mirado en demasía los apuntes?

d) Una forma muy extendida de afear el habla es la que se manifiesta con el empleo de términos innecesarios, que, además, están vacíos de significado concreto; son como parásitos que se instalan en nuestros enunciados. Estos elementos *bueno, pero bueno, y eso, o sea, la verdad que, entonces, ¿vale?*, etc., desgraciadamente no han faltado en la exposición; ¿lo ha percibido el ponente?; ¿lo percibieron sus compañeros?; ¿qué muletilla ha sido la más empleada?; ¿podemos repasar cuidadosamente en la grabación en qué momentos solía utilizarlas?; ¿se pueden sustituir por marcadores de conexión?; ¿por cuáles?; cuiden muy bien este aspecto y procuren tenerlo presente en próximas exposiciones.

e) Ha olvidado alguna idea previa. Así, ha repetido en varias ocasiones el participio en *ao* (en lugar de *ado*) incluso en una ocasión empleó *ío* (en lugar de *ido*). Es otra manera de afear su exposición y que debe evitar en el futuro. Igualmente ha ocurrido con la repetición de los mismos marcadores, ¿podemos ver ambos empleos en el vídeo?; ¿han sido detectados estos usos por los compañeros?

Capítulo 7

CIERRE

> Ninguna cuestión queda nunca concluida
> hasta que se concluye bien.
> (Ella Wheele WILCOX)

7.1 Instrucción

Es conveniente que el cierre de un discurso, por un lado, recuerde y, por tanto, refuerce, las ideas que el emisor considere que son las más importantes de todo lo expuesto en el desarrollo y, por otro, que lo haga de manera amena y, si puede ser, ornamental. No se trata, ni mucho menos, de llenar de artificio –exclamaciones, paralelismos, pausas largas– los finales, tal y como hacen nuestros políticos, sino de dejar constancia de las ideas más importantes a la par que encontrar una cita adecuada, una frase oportuna capaz de entroncar con lo dicho.

Ahora bien, como hemos aludido en alguna ocasión, es normal que la parte última de cualquier actuación en público: concierto musical, representación teatral, mitin, etc., merezca un trato especial, pues no en vano influye de alguna manera en nuestra idea positiva o negativa del evento; por eso mismo, se ha de cuidar mucho el cierre de la exposición.

En primer lugar, un buen cierre ha de ser conciso. Nos viene a la mente el capítulo XXI de la I parte de *El Quijote*; en este, el caballero había impuesto un «áspero mandamiento de silencio» a Sancho, mandamiento que lo había llevado a no expresar durante un tiempo algunos de sus pensamientos: «Se me han podrido más de cuatro cosas en el estómago y una sola que ahora tengo en el pico de la lengua no querría que se mal lograse». Por ello, solicita a su amo permiso para hablar, a lo que este contesta de esta guisa: «Dila y sé breve en tus razonamientos, que ninguno hay gustoso si es largo». Conociendo a Sancho, le aconseja que no se extienda más de lo estrictamente necesario, o sea que evite rodeos, que solo dificultan la comprensión. Esta frase hay que tenerla presente para un buen cierre.

En segundo lugar, una mayor riqueza en cuanto a la entonación, con pausas mayores. Es cierto que, tal y como hemos insistido, a lo largo de toda nuestra exposición hemos de evitar hablar de forma rápida, pues creará problemas de comprensión a la audiencia y mala impresión oratoria del emisor; si bien, también hemos de cuidar caer en una excesiva lentitud, lo que produciría el desinterés de los oyentes. La misma idea ha de presidir en el cierre. Indicamos como necesaria la mezcla de diferentes tonos (más rápidos, más pausados, según la parte del discurso), lo que hará que la exposición sea algo más entendible, más agradable. Pues bien, en el cierre se hará un uso de las pausas, de los silencios, de los matices expresivos mayor que en el resto del discurso. Forma parte del ornamento, que se podrá reforzar con el empleo en este punto de series enumerativas, contrastes, personalizaciones, etc.

Es sabido que en toda exposición hay unas ideas principales, las más importantes para el orador. Ahora, en este lugar destacado, es el momento de aludir a ellas con objeto de que queden en la memoria de los oyentes, por si ya no habían quedado claras. Tras la fórmula de cierre que empleemos: «concluyo...», «para terminar mi exposición...», «y finalizo recordando...», etc., se impone aludir, incluso con la ayuda de enumeradores –con los que dar mayor énfasis– a los puntos que se quieran destacar.

Finalmente, convendría pensar en una experiencia vivida o una cita adecuada que pueda resumir una parte importante del contenido. La oportunidad en ambos casos es esencial. Si además es sugerente, pues mucho mejor.

Todos hemos de tener claro que ser conciso a la hora de hablar en público no solo es de agradecer por este, sino que nos evitará divagaciones aburridas y la consiguiente apatía de quienes nos oyen. Un discurso puede agotar un tema, pero nunca a nuestros interlocutores.

7.2 Elaboración

7.2.1 *Ideas esenciales a modo de conclusión*

A partir de lo dicho, nuestro cierre constaría de dos partes. La primera, a su vez, resumiría tres ideas como esenciales, ideas que coincidirán con cada uno de los bloques seleccionados para el desarrollo. En primer lugar, el que los andaluces hablamos español, pero no castellano; para este punto, nos ayudaremos de la anécdota de don Manuel Alvar con el habitante de la isla de La Palma, ese informante que no sabe hablar castellano en Canarias, pues él solo hablaba español. En segundo lugar, aludiremos a la ignorancia que supone la extendida creencia que padecían tantos andaluces de que los castellanos hablaban 'fino'; esto implicaba admitir el que ellos hablaban 'basto'. En tercer lugar, destacaremos la idea de que el hablar bien no depende del lugar de nacimiento, sino de nuestra riqueza léxica, de nuestros conocimientos gramaticales, del uso que hagamos de las pausas, los conectores empleados, etc. Podemos citar a un andaluz, Felipe González, como uno de los más grandes oradores del posfranquismo.

7.2.2 *El cierre del cierre*

En cuanto al cierre del cierre, hemos de pensar en una fórmula que puede servir para recoger la idea de que lo importante es hablar bien la norma culta de nuestra ciudad y no otra, y que, por tanto, no todo vale; como ejemplo de que no todo vale, tenemos a ese maestro que enseñaba tan mal andaluz como español a sus alumnos: «niño, *zordao, barco y mardita zea tu arma, ze e^{h}criben* con ele». De esa manera de hablar es de la que hay que huir. Hablar un buen andaluz es hablar un buen español.

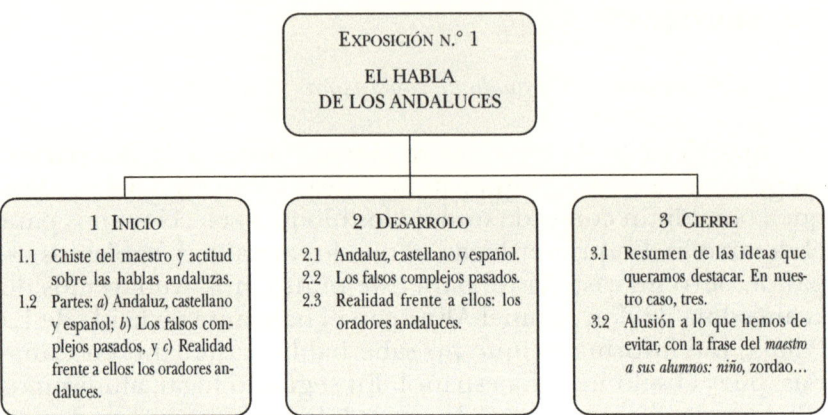

7.3 Exposición

7.3.1 *Cinco cuestiones que se han de tener presentes antes de la tercera exposición*

a) No es fácil adoptar una posición natural al hablar en público. El hablar de pie o sentado dependerá de varias circunstancias; si no hay atril o el aula en que se ha de hacer la exposición no está preparada para ello, tendrán que hablar sentados; pero si pueden elegir, háganlo de pie, pues su público los verán mucho mejor y ustedes, lo que no es menos importante, podrán ver mejor a su público. Además, no olviden hacerlo detrás de una mesa o de un atril de pie, pues le resultará, como hemos repetido ya, más sencillo evitar movimientos desaconsejables. Si es ante un atril, no se agarren a él, ya que da sensación de nerviosismo. No descuiden el empleo de las manos; es importante cuando se habla en público, pues con ellas también se transmiten mensajes y se ayuda a que estos sean más precisos para los asistentes.

b) Observamos en otras exposiciones dos nuevos empleos que quisiéramos corregir; uno es el error en la concordancia de determinadas formas; hemos advertido el uso de *le* por *les* y de *lo* por *los*. Es frecuente oír en algunos hablantes hispanoamericanos expresiones del tipo *ya se los dije ayer*, en que *los* debe aparecer en singular cuando se quiere decir 'ya les dije *eso* que me preguntan'. Se trata de una concordancia errónea porque con el plural *los* se hace referencia no a lo que se dijo (singular, *eso*, *alguna cosa*), sino a quien se le dijo (plural, *ustedes*). El segundo empleo que queremos corregir es el del nexo causal, siempre expresado mediante *porque*. Intenten sustituirlo, según los casos, por *ya que, puesto que, dado que*; su exposición se enriquecerá.

c) Un mecanismo elegante para cohesionar el discurso es la repetición de algún elemento del acto anterior. En algunas ocasiones, podremos apoyarnos en un elemento intermedio del citado acto anterior: «esta tarde sólo abrimos *un paréntesis* entre las labores de ustedes y las mías // *un paréntesis* en el que ustedes y yo pondremos...»; en otras ocasiones, la apoyatura se hace en el elemento final y a partir de él se inicia el nuevo acto: «todo esto hace que *seamos felices* // *que seamos felices* en cuanto somos capaces...» o, finalmente, podemos llevarla a cabo mediante la repetición de una misma construcción en el inicio de dos o más actos. «*Sé que hablarles* de Galdós es algo que [...], pero también *sé que hablarles* de novelas que...». Son estructuras de prestigio que conviene emplear en nuestro discurso.

d) Es necesario que tengan presente en su exposición el buen uso preposicional. Tal y como ya indicamos, es frecuente la confusión de unas preposiciones cuando deberían ser otras; así: *a nivel de* (sólo es correcto emplearlo cuando hay efectivamente niveles [a nivel del corazón]); *al respecto de* (lo correcto es *respecto de* o *respecto a*); *diferente a* (lo correcto es *diferente de*); *en razón de* (lo correcto es *debido a, a causa de*); *en honor a* (lo correcto es *en honor de*) o *por contra* (debe decirse, *por el contrario, sin embargo, en cambio*). Bajo ningún concepto empleen un tipo de estructura tan extendido como vulgar como es el uso del posesivo tras formas que no son sustantivos: *delante mío, detrás tuya* y similares. Hay que evitar esas locuciones y sustituirlas por las correctas, *iba delante de mí, estoy detrás de ti*, etc.

e) Ahora es el momento de seguir insistiendo en algunos errores que hemos corregido en grabaciones anteriores con objeto de intentar evitarlos en esta próxima; uno de ellos fue el empleo de marcadores que dado su uso desmesurado se convirtieron en muletillas, especialmente a la hora de pasar de un asunto a otro; estos fueron cuatro: *por otro lado, entonces, después* y *dicho esto*. Eviten la conexión con un mismo término. Es preferible el silencio buscado si no se sabe qué nexo corresponde a un determinado tipo de relación.

7.3.2 *Cinco cuestiones que conviene plantear tras esta exposición*

a) ¿Por qué ha destacado estos aspectos en el cierre?; ¿ha pensado en algún momento que podrían ser otros?; ¿cómo explicaría a sus compañeros los motivos que le llevaron a optar por estos?; ¿cuál ha sido la opinión de dichos compañeros en este asunto?; ¿estaban de acuerdo u optaron por otros aspectos?; ¿cuáles?; ¿por qué?

b) Recuerde algo en lo que hemos insistido a lo largo de los capítulos anteriores: la manera de conectar unos temas o unas partes con otras; esa forma de conexión cuando es acertada da una mayor cohesión al discurso. Dicho esto, ¿qué mecanismo ha empleado para la conexión entre la parte final del desarrollo y el inicio del cierre?; ¿por qué optó por él?; ¿podría haber elegido otros con resultados parecidos?; ¿sus compañeros qué han opinado al respecto?; ¿han preferido otros mecanismos?; ¿qué opinión le merecen?; ¿por qué?

c) En lo que respecta a lo paraverbal y kinésico, ¿se vio obligado más de lo que pretendía a utilizar el papel con sus notas?; ¿ha percibido la falta de fluidez que tal hecho le ha podido originar?; ¿han advertido sus compañeros que ha leído demasiado?; usted ¿cómo lo explica?; ¿por qué no ha tenido presente, una vez que dejaba de leer, que la mirada no se puede fijar siempre en un mismo sitio, sino que es necesario repartirla por toda la sala? Estas cuestiones, no olvide, son importantes recordarlas una y otra vez.

d) Uno de los principios del bien hablar –junto a la corrección, la claridad y la adecuación– es la eficacia; nuestro mensaje ha de cumplir lo mejor posible su función comunicativa, y dos de los enemigos de este principio son la ambigüedad y una deficiente entonación. En este sentido, conviene que quienes nos hayan escuchado se pronuncien acerca de nuestra entonación, tan valiosa a la hora de transmitir e interpretar los enunciados; su valor comunicativo es incalculable y, por tanto, un excelente instrumento de ayuda para el interlocutor a la hora de descifrar el mensaje. Con la grabación, una vez más, podremos justificar opiniones positivas o negativas con respecto a este punto de nuestra prosodia en la exposición.

e) Cuando le decimos que intente memorizar su discurso antes de ensayarlo, lo que realmente queremos es que usted sepa, cuando se ponga ante sus compañeros, lo que quiere decir, o sea, el orden que va a seguir y las ideas que va a incorporar en cada uno de los apartados que haya previsto, pero nunca que memorice literalmente las palabras o parte de ellas, pues estas tendrán que ir surgiendo a medida que avance nuestra exposición. No olvide que tan malo como leer sería memorizar completamente lo que se va a decir. Bien es verdad que no es mala idea prepararse más concienzudamente el inicio (para intentar de esta manera superar un poquito mejor los nervios iniciales) y el final (para que este cause la mejor impresión posible). ¿Preparó más el inicio y el cierre?; ¿cómo lo hizo?; ¿fue este lo último que preparó?; ¿piensan sus compañeros que su exposición ha sido natural o demasiado afectada?; ¿pareció muy condicionada por la memoria, con la consiguiente falta de espontaneidad?

TERCERA PARTE
Ejercicios

EJERCICIO 1

Elaboración de una exposición.
Título: «El discurso político»

8.1 Materiales y tema de partida

En estos ejercicios, el lector nos irá acompañando en la elaboración de dos exposiciones; una sobre discurso político y la segunda sobre el bien y el mal hablar. Como hicimos ya en la exposición sobre el andaluz, partiremos de determinadas columnas periodísticas que se ocupan de un mismo tema. En el caso de este primer ejercicio, nos valdremos de cinco columnas que con el título *Sobre lenguaje político* se publicaron en el periódico *La Voz de Almería*, entre enero y marzo de 2013 (anexos 4, 5, 6, 7 y 8).

Tras una primera y detenida lectura que permita resumir cada una de las citadas columnas, será necesario, posteriormente, que el lector vaya anotando cuáles podrían ser posibles inicios, en qué partes cabría dividir el desarrollo y qué frases más o menos interesantes nos podrían servir, tras el resumen de las ideas esenciales, para finalizar el cierre. Hagamos conjuntamente una posible exposición oral a partir de los cinco artículos, exposición que denominaremos «El discurso político».

8.2 Inicio

El lector recuerda que un buen inicio, por un lado, ha de intentar ganar el interés del público y, por otro, ha de ayudar a crear una buena imagen del hablante. Ambos aspectos van muchas veces de la mano, pues todos cuando asistimos a una exposición oral agradecemos que desde su comienzo nos interese lo que se nos dice. Esta idea, por tanto, de intentar ganar el interés del público es esencial en la elaboración de esta primera secuencia, la de inicio.

También manifestamos la coincidencia en este punto de ganar el interés del público entre artículos periodísticos y exposiciones orales. Por ende, lo primero que debe preguntarse el lector es: ¿cuáles son los inicios que aparecen en las distintas columnas? ¿Alguno de ellos nos parece adecuado para el de nuestra exposición oral? ¿Por qué?

El primer artículo (anexo 4) comienza con dos asuntos cuanto menos curiosos y apropiados para tratar dos de los rasgos propios del discurso político: la pregunta retórica y la serie enumerativa (paralelística). El asunto inicial nos muestra las preguntas retóricas en forma de series enumerativas que una senadora catalana dirigió al presidente del Gobierno:

¿(de) Qué tiene miedo Sr. Rajoy? ¿De la voluntad popular?
¿(de) Qué tiene miedo Sr. Rajoy? ¿Del diálogo?
¿(de) Qué tiene miedo Sr. Rajoy? ¿De la democracia?

El segundo, donde también encontramos estas series enumerativas, igualmente paralelísticas, pertenece a la tonadillera Isabel Pantoja, tan conocida por cualquier español; el mismo día en que se hablaba en el telediario de la senadora catalana, se informaba de cómo la cantante, desde el banquillo de los acusados, se dirigía al juez de esta manera:

Era yo la que le daba a él
Era yo quien lo mantenía
Era yo quien le di trabajo
Era yo quien le pagaba su sueldo

Ambas estructuras tienen un valor considerable en el discurso político, por lo que los ejemplos nos podrían servir, dado el interés y la curiosidad de las dos noticias, para iniciar una exposición sobre tal tipo de discurso; no olvidemos que las estructuras citadas son mecanismos intensificadores importantes en este campo de acción que es el político. Por ello, sería, cuanto menos, una posibilidad.

La columna segunda (anexo 5) comienza con otro recurso también válido, por su amenidad, para nuestro posible inicio: la curiosa explicación de alguna frase hecha relacionada con el tema. En este sentido, el auxilio de libros explicativos de frases hechas será una gran ayuda para la preparación de exposiciones; nos referimos a obras como la de Iribarren (1994, 6ª ed.), Candón y Bonnet (1993), etc.

Del resto de columnas, hay dos, tercera y quinta, que se inician aludiendo a algún aspecto tratado previamente y que ahora se continúa; ambos inicios no nos servirían, pero sí la cita con que comienza la cuarta columna (anexo 7); a tal cita podríamos recurrir para el inicio de nuestra exposición; dice así:

> En el capítulo XXI de la segunda parte de El Quijote, tiene lugar el engaño del enamorado Basilio, quien finge estar herido de muerte para conseguir la mano de la bella Quiteria. La boda de esta con el rico Camacho, tras la farsa, toma un nuevo rumbo y Basilio consigue su deseo: casarse con Quiteria. Ante tamaño dislate, Don Quijote, tras reconocer que en la guerra y en el amor se han de tener por buenos los embustes y marañas que se hagan para conseguir el fin que se desea, afirma, en el capítulo siguiente, que «no se pueden ni deben llamar engaños los que ponen la mira en virtuosos fines».

Tal arranque nos ayuda a elucubrar, irónicamente, sobre si Don Quijote debería haber incluido junto a la guerra y al amor, la política, so pena de que la diera por contenida en el término guerra. Es evidente que los políticos utilizan las más dispares estrategias a la hora de emboscar la realidad, hecho que vamos a denominar *enmascaramiento* lingüístico; de él ya vimos un ejemplo en la columna anterior, donde se aludía a los doce sintagmas empleados por Zapatero para evitar el vocablo *crisis*, en 2008, durante un debate político. Esto sirve al autor para conectar la columna anterior con la que se inicia ahora. También a nosotros nos hubiera valido como inicio de nuestra exposición; tal cita se justificaría para explicar cuánto mecanismo, cuánto eufemismo, cuántas intencionadas repeticiones y cuánto intento de manipulación hay en el discurso político.

Contamos, consiguientemente, con tres posibilidades de iniciar nuestra intervención; de ellas, en principio, parece más difícil de entroncar con la presentación del tema y el resto del contenido la de la columna dos, la frase hecha y la discusión bizantina. A partir de aquí, cualquiera de los otros dos inicios nos podrían servir. Los dos cumplirían el objetivo de intentar ganar el interés del público y ayudar a crear una buena imagen del hablante. Aun reconociendo ambas posibilidades, finalmente tal vez nos decantáramos por la de la columna cuatro: la cita del capítulo XXI de la segunda parte de El Quijote, especialmente porque el tema de la senadora y de la tonadillera, que en aquel momento eran de actualidad, ahora se justificarían bastante menos.

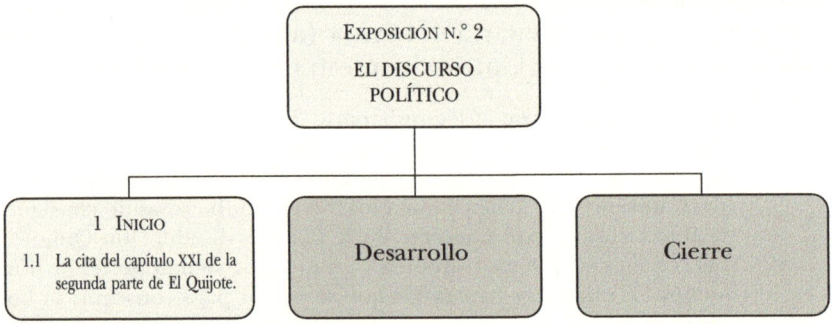

Decidido este aspecto, nos planteamos un segundo problema: el adelanto de los bloques temáticos en que vamos a dividir nuestro desarrollo, si bien será mejor que lo dejemos aplazado hasta la elaboración de este.

8.3 Desarrollo

A lo largo de estas cinco columnas son varios los temas tratados sobre las características del lenguaje político. En el desarrollo tendremos que exponerlos de manera ordenada, seleccionando aquellos que consideremos más significativos. Curiosamente, al final de la primera columna (anexo 4) ya se alude a ellos, como si se tratara de un adelanto del desarrollo en sí:

> Tiene una serie de rasgos que lo caracterizan y le dan un estilo determinado; entre ellos, cabe hablar de la *repetición*, el *enmascaramiento de la realidad*, la *ambigüedad*, la *creación de léxico*, las *preguntas retóricas*, etc.

Será posteriormente en las cuatro columnas restantes donde se expondrán, explicarán y ejemplificarán los más significativos. En efecto, ya en las columnas segunda (anexo 5) y tercera (anexo 6) se ofrece el primer aspecto del discurso político que se va a desarrollar: la repetición. En primer lugar, se señala la repetición de un término por encima de los demás; por ejemplo, *libertad, seguridad, democracia, nación, país, recortes, ajustes,* etc., todos ellos vocablos que, según quienes los empleen, suelen dar un matiz ideológico al mensaje. Pero además de este tipo de repetición léxica, se habla de dos formas diferentes de lo que el autor denomina series enumerativas, la paralelística y la léxica; ambas son también formas de repetición. La primera, la serie enumerativa paralelística, repite estructuras idénticas y la ejemplifica, entre otros, con un enunciado de Obama:

> *Dijiste que* iba a ser rápida y fácil, *y estabas equivocado; dijiste que* sabíamos dónde estaban las armas de destrucción masiva, *y estabas equivocado; dijiste que* íbamos a ser recibidos como libertadores / *y estabas equivocado* ///

La segunda, la serie enumerativa lineal, la encontramos en la columna tercera (anexo 6) y tiene, como la anterior, una enorme incidencia en los discursos políticos, pues refuerza los argumentos; cuando Zapatero, en el parlamento, dice que su Gobierno va a afrontar determinadas reformas «*con todo rigor, firmeza y determinación*», utiliza tres términos diferentes, pero casi sinónimos (*rigor, firmeza y determinación*) para calificar sus medidas; más tarde se alude a nuevos ejemplos. En consecuencia, parece claro que el primer punto que vamos a apuntar y señalar en nuestro desarrollo se va a denominar: *repetición* (ya podremos también ponerlo en el apartado inicio):

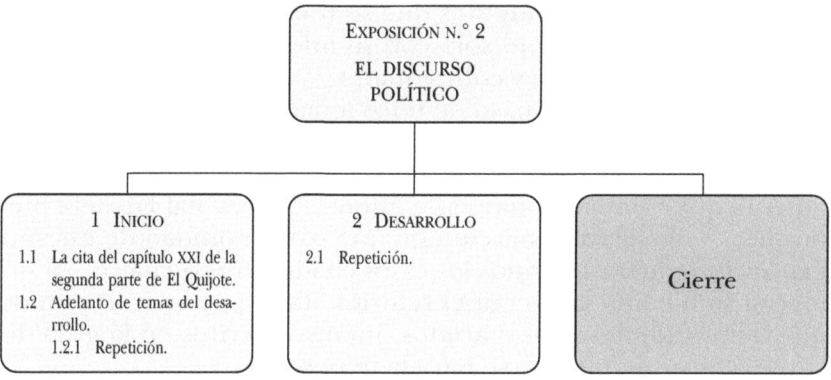

Un nuevo tema se anuncia, tras la repetición, al final de la columna tres; la manipulación del lenguaje, que se asocia con un nuevo mecanismo propio del discurso político: el eufemismo; de él, de sus tres manifestaciones: el lenguaje atenuado, el lenguaje vago y el lenguaje redundante se nos habla casi en la totalidad de las columnas cuatro (anexo 7) y cinco (anexo 8). Esto nos hace pensar en un segundo bloque informativo en nuestro desarrollo, el eufemismo:

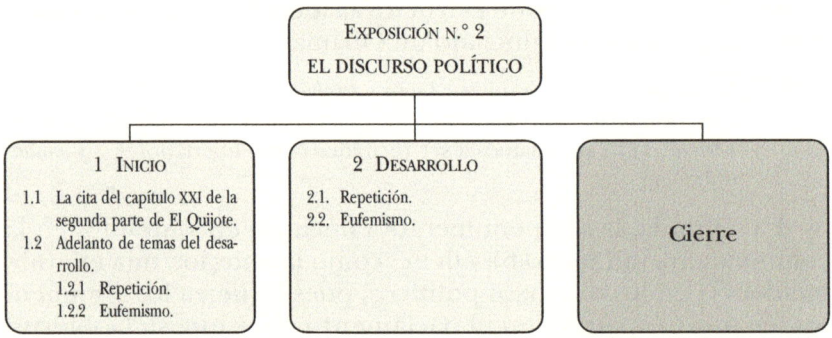

Dos aspectos hemos de tratar antes de seguir: el primero es, a modo de ejemplo, cómo abordaríamos el paso de un tema (repetición) a otro (eufemismo); el segundo, los asuntos que se incorporan en cada uno de los temas. Ambos tienen una estructura tripartita, pues el primero, la repetición, va a desarrollar tres asuntos (repetición léxica, series paralelísticas y series lineales) y el segundo, el eufemismo, otros tres (lenguaje atenuado, vago y redundante). No olvidemos que se trata de hacer de nuestra exposición un cuerpo no solo con su inicio, desarrollo y cierre, sino también uniforme y cohesionado.

Sabemos que en el paso de unos temas a otros se han de evitar expresiones que hagan referencia muy directa al comienzo del tema nuevo; hablamos de omitir fórmulas como «el punto siguiente que vamos a tratar es…; ahora nos toca hablar del eufemismo…», etc. Parece más interesante para la unidad de nuestra exposición incidir en todos los casos citados, tres o cuatro, en un mecanismo como la pregunta retórica. Tales pasos serán puntos que hemos de llevar preparados, incluso escritos en la guía de la que conviene proveerse para la exposición.

EJERCICIOS

Pongamos como ejemplo la manera en que afrontaríamos, entre otras infinitas posibilidades, la conexión entre el final del bloque de la repetición (tema 1) y el inicio del eufemismo (tema 2); podría decir, más o menos, así:

> Es posible, por tanto, que si estableciéramos una imaginaria clasificación del orden de importancia de los mecanismos en el discurso político, este que ahora tratamos, la repetición, ocupara el primer lugar. Si siguiéramos con esta imaginaria clasificación, ¿cuál sería el mecanismo que clasificaríamos en segundo lugar? Sin duda, el empleo del eufemismo con sus distintos tipos de lenguaje. De él vamos a hablar. El eufemismo es un mecanismo mediante el cual...

Cada uno de los temas abarca tres asuntos, decíamos. Con objeto de que quienes nos escuchen perciban con más facilidad la integración de esos tres asuntos en un tema más amplio, convendría valernos de los marcadores de orden; es más, junto al tercero de ellos, podríamos relacionar los dos anteriores; así, en el caso del tema eufemismo, la conexión de los asuntos podría ser: «*en primer lugar...* [lenguaje atenuado]; *en segundo lugar...* [lenguaje vago]; *y por último, junto al lenguaje vago y atenuado, está el lenguaje redundante...*».

Finalmente, un tercer tema, aunque menos importante que la repetición y el eufemismo, sería el de la creación de léxico. Así, el esquema en el desarrollo de nuestro discurso sería tripartito y sobre ellos, a modo de pilares, edificaríamos dicho desarrollo:

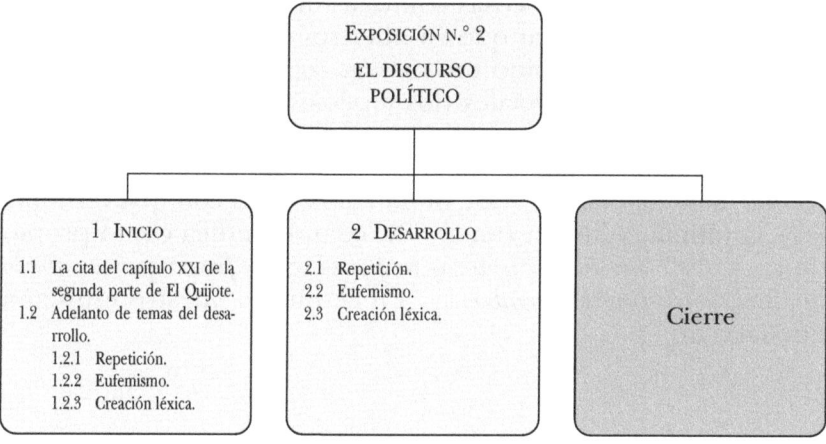

8.4 Cierre

Dos partes, recordemos una vez más, hemos de considerar en el cierre: el repaso de los puntos esenciales tratados y el cierre del cierre.

Con respecto a esa primera parte, cabe pensar que podríamos aludir a tres ideas principales:

- a) En su afán persuasorio, el lenguaje político, como todo lenguaje especial (en el sentido de lenguaje distintivo de grupo, utilizado por los políticos en el cumplimiento de sus funciones), tiene una serie de rasgos que lo caracterizan y le dan un estilo determinado.
- b) Posiblemente, el mecanismo más utilizado y con mayor incidencia sea la repetición en su triple faceta.
- c) También es posible que sea el eufemismo, con sus tres tipos de lenguaje, el segundo elemento en cuanto al orden de importancia.

La segunda parte nos ofrece distintas posibilidades; no olvidemos que es el cierre del cierre, y el ornato puede venir facilitado por algo ingenioso como puede ser una cita oportuna que venga a resumir el contenido de la exposición. De las opciones que nos ofrecen los artículos que nos han servido de base, nosotros seleccionaríamos dos; una nos llevaría a proponer a nuestros interlocutores que no se extrañen en exceso cuando oigan en el discurso político cosas como las dichas por Soraya Sáenz de Santamaría al indicar que en nuestros días el copago ya no es ni copago ni repago, sino un *«recargo temporal de solidaridad»*, o que las prestaciones sociales (los servicios de toda la vida) no se recortan ni se eliminan, *«solo se racionalizan, se ajustan o se reestructuran»*. Hay una segunda opción, que apunta a que algo hay de verdad, solo algo, en la frase de Beaumarchais con que terminamos la última columna (anexo 8), cuando indica como propio de los políticos *«Fingir ignorar lo que se sabe y fingir que se sabe lo que se ignora; fingir entender...»*. En resumen, nuestro esquema quedaría así:

EXPOSICIÓN N.° 2

EL DISCURSO POLÍTICO

1 INICIO
1.1 La cita del capítulo XXI de la segunda parte de El Quijote.
1.2 Adelanto de temas del desarrollo.
    1.2.1 Repetición.
    1.2.2 Eufemismo.
    1.2.3 Creación léxica.

2 DESARROLLO
2.1 Repetición.
2.2 Eufemismo.
2.3 Creación léxica.

3 CIERRE
3.1 Resumen ideas.
3.2 Cierre del cierre.
    a) Citas de Sáenz de Santamaría o
    b) Cita de Beaumarchais.

EJERCICIO 2

Elaboración de una exposición.
Título: «Sobre el bien y el mal hablar»

9.1 Materiales y tema de partida

Para la preparación de la siguiente exposición nos valdremos de cuatro artículos que con el título ¿*Por qué sabemos si alguien habla mal o bien?* se publicaron en el periódico *La Voz de Almería*, en octubre y noviembre de 2012 (anexos 9, 10, 11 y 12). A partir de aquí, operaremos del mismo modo que en las dos preparaciones anteriores (el andaluz y el discurso político). En un primer momento, procederemos a la lectura y resumen de cada uno de los artículos; será en lecturas posteriores cuando vayamos tomando nota de algunas referencias que puedan servirnos como posibles para el inicio; asimismo iremos viendo otras opciones como en qué partes podríamos dividir el desarrollo y qué frases más o menos interesantes nos podrían servir, tras el resumen de las ideas esenciales, para finalizar el cierre. Hagamos, por tanto, una posible exposición conjunta de los cuatro artículos, que denominaremos «Sobre el bien y el mal hablar».

9.2 Inicio

Intentemos resumir algunas ideas ya dichas con respecto al *inicio*. Recordemos que han de cumplir dos funciones: conseguir ganar el interés del público –en lo que coincide con la columna periodística– y adelantar las partes en que vamos a dividir el desarrollo, la secuencia más amplia de nuestra exposición. Comencemos, por tanto, con la primera.

Obremos de forma parecida a como lo hicimos en las dos ocasiones anteriores, es decir, analizando los inicios que aparecen en las cuatro columnas. En la primera (anexo 9), se establece la conexión entre autor y lector porque ambos, en general, cuando oyen hablar a alguien tienen una opinión sobre su manera de hacerlo, positiva o negativa; no somos conscientes de cuál es el motivo de nuestro veredicto. Tras esta posible identificación, se descubre al lector que la causa que justifica nuestra opinión tiene mucho que ver con la buena aplicación o no de los principios del bien hablar (corrección, claridad, adecuación y eficacia); se termina con una nueva idea que también entronca con la que puede tener el lector: de esos principios el que más fácilmente se percibe por parte de todos posiblemente sea el de la corrección. Este primer tema, que serviría para justificar el porqué de la importancia de la corrección, podría ser el primer punto del desarrollo.

De los tres inicios restantes, dos, los de las columnas dos y cuatro (anexos 10 y 12), comienzan con otra fórmula aconsejable para estos primeros momentos: la explicación de dichos o frases hechas; en estas dos ocasiones, se dan a conocer las de «erre que erre» y «dar en la vena»; entre ellas, optaríamos por la primera, por dos motivos: por ser más conocida y, por tanto, la posibilidad de que entronque más con la audiencia, y, sobre todo, por servirnos mejor como pretexto para justificar nuestra exposición, o sea, nuestro interés en insistir en un tema tan conocido y tratado como es el hablar bien o mal.

En consecuencia, tendríamos dos posibilidades para nuestro inicio: el de la columna primera (nuestra capacidad de juzgar aunque a veces no sepamos por qué sobre la forma de hablar de determinada persona) y el de la frase hecha «erre que erre». Ambas servirían. Y tan adecuada sería una como otra.

Aun reconociendo las dos opciones como positivas, finalmente tal vez nos decantáramos por la de la columna primera: nuestra capacidad de juzgar el habla de los demás, porque, además, nos permitiría con más facilidad segmentar las partes del desarrollo. Lo explicamos.

Si leemos de nuevo esta columna (anexo 9), observaremos una pista que se le da al lector: de los cuatro principios, hay uno que es más perceptible a la hora del citado juicio: el principio de corrección. Pues bien, en ese momento advertiríamos que el primer punto que vamos a tratar sería ese, el principio de claridad, si bien luego hablaríamos de los otros tres. No obstante, dejemos para más adelante cuál será la elaboración final de esta segunda parte del inicio. En principio solo hemos optado por la primera:

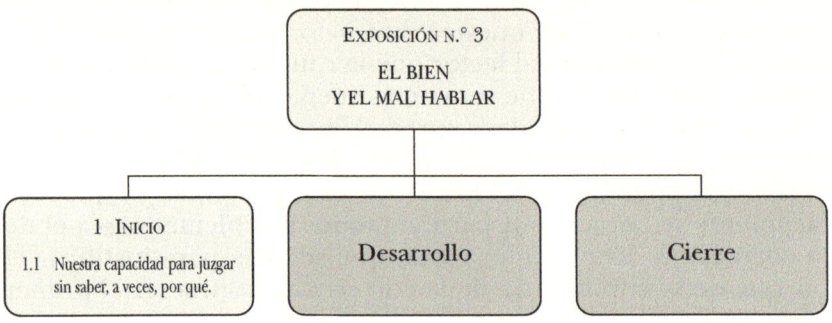

9.3 Desarrollo

Al leer con detenimiento las cuatro columnas, habremos observado que cada una de ellas está dedicada a un principio del bien hablar: corrección (anexo 9), claridad (anexo 10), adecuación (anexo 11) y eficacia (anexo 12). Por tanto, no parece que la segmentación en bloques informativos del desarrollo ofrezca problemas. De hecho podríamos adelantar en el inicio estas cuatro partes en que vamos a dividir el desarrollo. Pero si observamos, hay una clara diferencia en el tratamiento que en las columnas se da a dichos principios: de dos de ellos, corrección y claridad, se dan aspectos negativos, en tanto que de los otros dos, positivos. Y es que en esto del habla, los usos que la afean y la embellecen, el error y la virtud, se mezclan, como sucede, tal y como se dice en uno de los artículos, con «la rosa y la espina, que todo forma parte de una misma mezcla». Por ello, sugerimos la posibilidad de que a partir de esta idea podamos dividir el desarrollo en dos apartados:

a) El de los aspectos negativos.
b) El de los aspectos positivos.

En ellos incluiríamos los cuatro principios de esta manera:

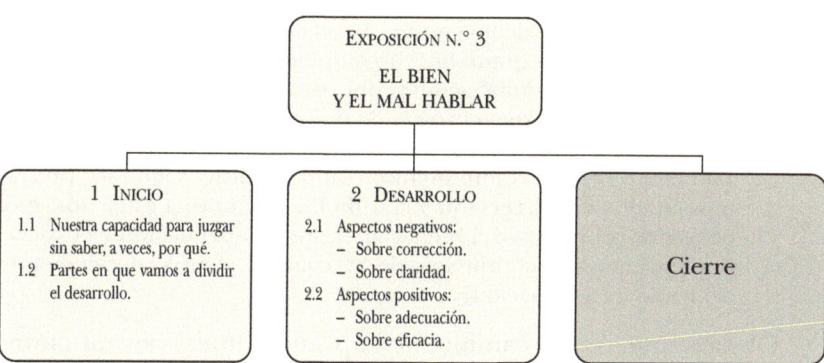

La corrección, el primer apartado que desarrollaremos, lo conectaríamos con el inicio mediante una pregunta retórica: ¿por qué decíamos que de los cuatro principios el más perceptible era el principio de corrección? Decíamos esto porque cuando nosotros oímos que alguien dice *lah saih* convirtiendo la /e/ en /a/, confunde los fonemas *l/r* en situación implosiva (*arcarde* o *mardita sea tu arma*), pone el artículo delante del nombre propio (*la Juani* o *la Antonia*) o sustituye la forma *haya* por *haiga*, etc., nuestra impresión no es buena y nuestro juicio será negativo. Tras desarrollar este principio, lo conectaríamos con el de claridad, que también analizamos desde la óptica de su mal uso; este, por tanto, y a esto aludiremos, no termina con la gramática, ni con la fonética, ni con el mal empleo de anglicismos, sino que existe otro mal, que tiene mucho que ver con otro principio, el principio de claridad, y aquí aludiríamos a las absurdas repeticiones de términos, de fragmentos, a casos de ambigüedades o a la molesta repetición de muletillas, que tanto entorpece la fluidez expresiva.

El paso del tratamiento negativo de dos principios (columna 2) al positivo de los otros dos (columna 3), se podría justificar con palabras parecidas a las empleadas en el inicio de esta última, donde se alude a la ya referida mezcolanza entre la rosa y la espina; recordemos ese inicio y veremos cómo puede encajar, con los consiguientes cambios, en nuestro discurso y en nuestro paso al principio de adecuación:

> Nos hemos referido en los dos artículos anteriores a algunos usos del habla que atentan contra los principios de corrección y claridad. Pero errores y aciertos, como la rosa y la espina o la virtud y el

vicio, forman parte de una misma mezcla y también de nuestra habla. Un buen uso de la gramática, un empleo rico y adecuado de nuestro léxico, una pronunciación propia de la norma culta del lugar de nacimiento, una forma correcta de unir nuestras ideas o huir de las ambigüedades serán, entre otras, cualidades para juzgar el habla no solo como correcta, sino incluso como exquisita según los principios citados de corrección y claridad. Pero junto a estos dos, hay otros dos principios del bien hablar: los de adecuación y eficacia. Comencemos por el principio de adecuación. ¿Qué se entiende por principio de adecuación?

Obviamente, tras el cambio, de la primera línea, por un enunciado que se aproxime a este:

> En estos minutos últimos nos hemos ocupado de algunos usos del habla que atentan contra dos de nuestros principios, el de corrección y claridad. Pero errores y aciertos [...]

Dicho principio de adecuación podríamos iniciarlo con la anécdota del Dr. Salvador, tal y como aparece en la tercera columna (anexo 11). Finalmente, nos quedaría el paso de este principio al último tratado, el principio de eficacia, paso que se podría dar, precisamente, con un discurso que se aproxime en buena manera al comienzo de la columna cuarta, con los consiguientes retoques debidos a la distinta situación comunicativa, y que recordamos a continuación:

> «Dar en la vena» es un dicho popular con el que se indica que alguien ha encontrado el medio que le permite conseguir su deseo. El término *vena* no procede del órgano humano, sino de otra acepción del vocablo: «conducto natural de agua subterránea». La frase, por tanto, como asegura Iribarren, tiene su origen en el descubrimiento de una vena de agua. Hemos hablado en artículos anteriores del principio de corrección, claridad y adecuación. Nos queda para este artículo el cuarto, el de eficacia, cuyo buen uso viene a ser algo como «Dar en la vena» y conseguir nuestro objetivo, que no es otro que saber trasmitir a nuestros interlocutores aquello que 'realmente' queremos decir.

9.4 Cierre

Cabe recordar las dos partes que, según venimos defendiendo, hemos de distinguir en nuestros cierres. La primera será el recordatorio de los puntos esenciales tratados y la segunda, el cierre del cierre. Con respecto a la primera, cabría proponer a nuestros interlocutores que intentaran, a partir de ahora, en sus juicios sobre el bien o el mal hablar ubicar los motivos, si fuera posible, en cada uno de estos principios; también insistiríamos en la idea de que en el habla no cabe todo, sino el máximo respeto a nuestras normas gramaticales, fonéticas, semánticas y pragmáticas, sin olvidar que: «Si quieres ser discreto, observa bien estos seis preceptos que te recomiendo: qué es lo que dices y dónde, de qué, a quién, cómo y cuándo».

Por último, podríamos terminar con una cita acertada que reflejara de alguna manera el espíritu de lo dicho; caben dos opciones: o tomamos alguna de las que aparecen en nuestras columnas o buscamos en internet o en algún diccionario de citas (Goicoechea, 2003) otra que consideremos afortunada para tal fin. En la primera opción, podemos emplear, a modo de insistencia en el interés por el bien hablar, esa referencia de Luis Vives: «No hay espejo que mejor refleje nuestra imagen que nuestras palabras». Asimismo, es posible que queramos un cierre con otro objetivo: que no se pueda ver en nuestra exposición una actitud excesivamente crítica, un ataque contra quienes su nivel sociocultural no les permita un mejor empleo; todo lo contrario; en este sentido estamos con Juan Rufo cuando en carta a su hijo le recomendó esto: «No aflijas al afligido; que a las veces el que ha errado tiene enmienda consolado mejor que reprehendido». Ambos cierres serían posibles según cuál sea nuestra intención final.

Por tanto, nuestra exposición quedaría así:

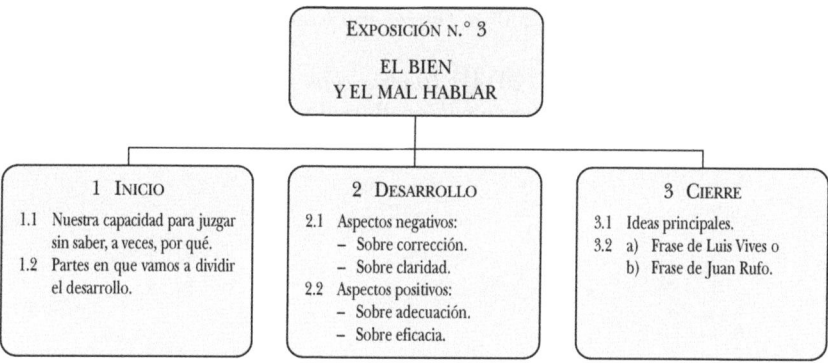

BIBLIOGRAFÍA

ALCALÁ-ZAMORA, N. (1946/2002): *La oratoria española: figuras y rasgos*, Buenos Aires: Atalaya [Córdoba: Patronato Alcalá Zamora y Torres].

BRIZ, A. (coord.) (2008): *Saber hablar*, Madrid: Aguilar/Instituto Cervantes.

CANDÓN, M. y BONNET, E. (1993): *A buen entendedor...*, Madrid: Anaya/Mario Muchnik.

CORTÉS, L. (2013): *El español que hablamos, malos usos y buenas soluciones*, 2.ª edición, muy aumentada (digital), Almería: Universidad.

CORTÉS, L. (2017): «La enseñanza del discurso oral: pariente pobre de nuestro sistema educativo», *Tonos Digital 33*. <goo.gl/SJNJE4>

CORTÉS, L. y MUÑÍO, J. L. (2017): *Mejore su discurso oral*, 2.ª edición, digital, Almería: Universidad.

GOICOECHEA, C. (2003): *Diccionario de citas*, 11.ª edición, Madrid: Dossat.

GÓMEZ TORREGO, L. (2011): *Hablar y escribir correctamente*, 4.ª edición, 2 vols., Madrid: Arco/Libros.

IRIBARREN, J. M. (1994): *El porqué de los dichos*, 6.ª edición, Pamplona: Gobierno de Navarra,

MERAYO, A. (2005): *Curso práctico de técnicas de comunicación oral*, 2.ª edición, Madrid: Tecnos.

PÉREZ GALDÓS, B. (2001): *El amigo Manso*. Edición de Francisco Caudet, Madrid: Cátedra.

REAL ACADEMIA ESPAÑOLA (2005): *Diccionario panhispánico de dudas*, Madrid: RAE/Santillana.

VILÀ, M. y CASTELLÁ, J. M. (2014): *10 ideas clave. Enseñar la competencia oral en clase. Aprender a hablar en público*, Barcelona: Graó.

ANEXOS

ANEXO 1

EL ANDALUZ Y LA CORRECCIÓN[3]

El pasado treinta de diciembre, un colaborador de este periódico, Emilio Ruiz, tuvo la generosidad de referirse con esplendidez a las columnas que bajo el epígrafe «El español que hablamos» venimos publicando desde hace unos meses. Al mismo tiempo, me animaba a que dedicara alguna a responder una cuestión: ¿cómo respetar nuestro dialecto andaluz en los medios de comunicación sin atentar contra el español correcto? Aunque no sé si bien, voy a tratar de hacerlo. Me valdré para ello de una anécdota y dos puntualizaciones.

La anécdota es muy conocida entre los estudiantes y profesores de las disciplinas filológicas; la cuenta Manuel Alvar, uno de los dialectólogos más prestigiosos del mundo hispánico. Hacía Don Manuel las encuestas para la elaboración del Atlas Lingüístico y Etnográfico de las Islas Canarias cuando un informante de la isla de La Palma, ante la pregunta ¿qué se habla aquí?, le contestó que allí hablaban español «porque castellano no lo sabemos hablar». En la réplica de aquel palmero, no solo tenemos una gran intuición, sino parte de la respuesta que quiero dar a Emilio Ruiz. Nosotros no sabemos hablar castellano, término que designa una variedad del diasistema del español en la misma medida y proporción que lo es el andaluz, canario, murciano o cualquiera de los modelos lingüísticos correspondientes a cada uno de los países de la América española. Todas estas variedades conforman lo que entendemos por español, por lo que todas ellas son 'igualmente español', si bien cada uno de nosotros hablará la propia del lugar de su nacimiento; así, los andaluces no sabremos hablar castellano, ni los castellanos, andaluz, por ejemplo. Unos y otros podremos remedar algunos aspectos de la otra variedad, aunque no hablarla.

La primera puntualización es que en Andalucía no existe un habla única. Andalucía no es un territorio unitario ni geográfica ni histórica ni cultural ni lingüísticamente. El léxico sirve muchas veces para indicar las distintas

---

[3] Todos los artículos aparecieron en el periódico *La Voz de Almería*. Aludiremos solamente a la fecha en que lo fue cada uno de los aquí utilizados. Este se publicó el 1 de febrero de 2010.

repoblaciones y los distintos factores históricos, sociales y políticos que son la causa de la diversidad andaluza. Por ejemplo, para el concepto «náuseas», en la Andalucía occidental se prefiere «fatiga», en la central (Córdoba, Málaga, Oeste de Jaén y Oeste de Granada) «ansias» y los de Andalucía oriental preferimos «angustia». Por tanto, si queremos expresarnos con mayor propiedad hemos de decir que el dialecto andaluz está configurado por un conjunto de hablas que tienen rasgos comunes y rasgos diferenciales entre sí. Las hablas son variedades dentro de un conjunto de variedades. De este modo, el habla de Almería es muy diferente de la de Cádiz o de Sevilla. Pero, además, incluso en la propia ciudad de Almería cabe hablar de diferencias entre barrios, por ejemplo Pescadería. La diversidad del andaluz –si este existe como dialecto– se manifiesta también en Almería.

La segunda puntualización tiene que ver con lo dicho en algún artículo anterior: creo que en buena parte se ha superado esa vieja creencia de que la gente que hablaba la norma castellana lo hacía mejor que nosotros. De hecho cuando antiguamente se decía de ellos que hablaban «fino», estábamos admitiendo que nosotros –los andaluces– hablábamos «basto», o sea de forma más tosca, grosera, etc. Esto está desapareciendo, afortunadamente. Hablar bien no depende, ni mucho menos, de la variedad –andaluza, murciana, castellana, etc.–, sino de la riqueza y adecuación léxica, de la forma de conectar los actos discursivos, de la manera de manejar las pausas, etc. Felipe González, Vargas Llosa o Jorge Valdano hablan un español excelente y siguen la norma meridional, es decir, la nuestra.

Dicho todo lo cual, a su pregunta podríamos responder de esta manera: no se atenta contra el español, todo lo contrario, si utilizamos un buen andaluz; y un buen andaluz es aquel que –como en el caso del castellano, murciano o extremeño– sabe prescindir de las variantes más marcadas, más apartadas de la norma estándar del español, que son las más cerradas y las que menos prestigio tienen socialmente. Por tanto, esos periodistas andaluces que imitan a los ciudadanos de León o de Valladolid hacen un esfuerzo innecesario, sin razón alguna de ser, aunque es verdad que menos aún la tienen quienes –con más frecuencia todavía– potencian ese otro andalucismo que nos separa de lo que es común al resto de los hispanohablantes: el andaluz del «arcarde», del «comío», de la «sebá tostá» o de la «harina la carmita». Hablemos, por tanto, en nuestros medios de comunicación cada uno la norma culta de su habla local. Todos nos entenderemos y nos entenderemos muy bien. Y es que el andaluz, cuando es un buen andaluz, suena maravillosamente... y es un magnífico español. Emilio, ¿he sabido responder a su pregunta?

ANEXO 2

DE NUEVO SOBRE LOS ANDALUCES Y SUS 'DEFICIENCIAS' COMUNICATIVAS (I) [4]

En el plazo de una semana, además de enterarme de que había regiones en España en las que no pagábamos impuestos al Estado, he oído en dos tertulias televisivas que a dos personas no se las entendía cuando hablaban porque eran andaluzas. En ese mismo período, me comenta una amiga que a una joven almeriense le ha propuesto su preparador de oposiciones que en la exposición oral de los temas intente imitar la norma castellana, o sea como si hubiera nacido en Ciudad Real. Tales hechos me han traído a la memoria a aquella diputada catalana, hoy de actualidad por un vídeo, que acusó a la ministra de Fomento, Magdalena Álvarez, de hablar mal por su condición de andaluza. En aquella ocasión me decidí a escribir un artículo, «Los principios del bien hablar» (03/02/2009), en este mismo periódico; en él defendí la improcedencia de tal acusación. Aludía, entonces, a cómo desde hace ya muchos años los estudiosos convinieron en la existencia de dos normas del español hablado: la castellana y la andaluza, sin que una fuera superior a la otra; cada una tiene sus particularidades. No hay, por tanto, acentos mejores ni peores por haber nacido en Sevilla o en Lugo, pero sí hay, sin embargo, variantes más apartadas del español estándar: aquellas cuya pronunciación, léxico o morfosintaxis se separan de las normas cultas del habla de cada ciudad, por lo que tienen menos prestigio social. Y estas variantes, que suelen servir de estereotipos para las burlas de los imitadores, pueden ser emitidas por hablantes gallegos, aragoneses, vascos, catalanes, pasiegos, etc... y también, desgraciadamente, por muchos andaluces (demasiados).

Reconocía asimismo, en aquel artículo, lo poco afortunada que era la manera de hablar de la entonces ministra de Fomento, pero no por su acento, porque hablar bien no depende, ni mucho menos, tanto de dicho acento cuanto de la riqueza y adecuación léxica, de la forma de conectar los actos discursivos, de la manera de manejar las pausas, etc. En cuanto al Sr. preparador de oposiciones, quizá lo que quiso decir a la joven almeriense es que en una exposición profesional, académica, como es la de una oposición de ese tipo, tenía que esmerarse, por un lado, en utilizar un registro técnico –no

---

[4] Publicado el 29 de noviembre de 2010.

coloquial–, y, por otro, en emplear el habla culta de su ciudad, en este caso de Almería, que no admite *comío, son la^h sai^h*, ni nada parecido. Con ambas consideraciones, dudo de que, por su origen, el habla de nuestra paisana tuviera nada que envidiar a la de cualquier otra opositora.

Hoy, habida cuenta de que la creencia persiste y de que la gente sigue pensando que los andaluces hablamos peor que el resto de los españoles, quisiera traer un dato, que los tertulianos a los que yo oí y el preparador del que me hablaron posiblemente desconozcan.

Niceto Alcalá-Zamora, primer presidente de la Segunda República Española, fue un espléndido orador, reconocido por sus contemporáneos. Santiago Carrillo alaba, en sus *Memorias*, la oratoria de Don Niceto: «Tenía un verbo barroco muy fluido y engarzaba unas frases con otras con verdadera maestría, ayudado por un acento andaluz que daba musicalidad a su discurso. Acaparaba inmediatamente el oído del espectador, trayéndolo y llevándolo prendido de su palabra [...] Oír su discurso podía ser una delicia, independientemente del contenido». Este hecho es más conocido. Sin embargo, lo es menos el librito que dedicó a la Oratoria Española el citado don Niceto; en él presentaba una antología de los mejores oradores que había dado España hasta la Guerra Civil. Entre los catorce seleccionados, aparecían cinco andaluces: Antonio Cánovas del Castillo (nacido en Málaga, en 1828); Cristino Martos (Granada, 1830), Nicolás Salmerón (Alhama de Almería, 1838); Emilio Castelar (Cádiz, 1832) y Segismundo Moret (Cádiz, 1833). A estos cinco, habría que sumar con toda justicia al autor del libro, nacido en Priego de Córdoba, en 1877. Seis de quince son un porcentaje muy alto para proceder de una tierra en la que se habla 'tan basto'.

Es verdad que en nuestros días todo ha cambiado con respecto a la época dorada del parlamentarismo oratorio. Los hábitos y preferencias en cuanto al lenguaje público y privado no son los mismos, incluso podemos decir que la vieja retórica se considera de forma despectiva como huera, vacía; se afirma que el tiempo de los oradores ha dado paso al de los 'comunicadores'. Aunque no sé muy bien si hay hoy mejores comunicadores que aquellos grandes parlamentarios, lo cierto es que con el nuevo estilo, es otro andaluz, Felipe González, el mejor orador y comunicador de la nueva etapa que se abre con la restauración democrática parlamentaria. No son las tinieblas de la malicia, sino las de la ignorancia las que oscurecen la verdad. Y todos... tan panchos.

ANEXO 3

DE NUEVO SOBRE LOS ANDALUCES
Y SUS 'DEFICIENCIAS' COMUNICATIVAS (y II)[5]

Un maestro pregunta a uno de sus alumnos: *Juanito, ¿cuánto^h son tre^h y tre^h?*; el alumno contesta, *zai^h*; el profesor le dice que lo diga *un poco ma^h fino*, y el alumno responde: *zaissss*. Y es que para nosotros, los andaluces, hablar *fino* es pronunciar las *eses* finales. No podemos negar que siempre haya existido un cierto complejo de inferioridad con respecto a nuestra habla, que, por contraste con otras, era considerada por nosotros como *basta*. En nuestra infancia, cuando los complejos estaban más acentuados, no nos resultaba extraño aquel amigo que tras un breve periodo en Madrid intentaba adoptar, a su vuelta a Almería, la nueva pronunciación; o ese otro que, tras una estancia que no iba más allá de unos meses en los aledaños de Barcelona, volvía imitando el acento catalán. Afortunadamente, eran otros tiempos.

El habla almeriense, como la murciana o bogotana, sigue la norma meridional, la cual, opuesta a la castellana, se fue extendiendo debido al prestigio cultural, económico y social de Sevilla; su expansión llega a lugares como las Canarias o América. Por ello, la fonética en estas zonas es más relajada, menos académica que la castellana. En cambio, nuestra morfosintaxis es más pura, más reglamentada, más correcta. Los andaluces jamás confundiremos los tiempos verbales; el buen uso nace con nuestra lengua materna, y si la corbata la hemos comprado hoy, jamás diremos *hoy me compré una corbata*, sino que emplearemos el tiempo correcto: *hoy me he comprado una corbata*; y si fue ayer, diremos *ayer me compré una corbata*, y nunca se nos ocurrirá decir –como en otros lugares de España donde hablan 'fino'–, *ayer he comprado una corbata*. Tampoco somos laístas, ni leístas, como son muchos de los hablantes de las otras comarcas que siguen la norma castellana; esto hace que nos resulten tan extrañas incorrecciones como *la regalé una bicicleta* (a mi hija) o *la pegué con un palo* (a la vaca), que se dicen en León, Valladolid, Madrid, etc., pero nunca en Andalucía. Son dos ejemplos de lo que se denomina *laísmo*.

Decíamos en nuestra columna anterior, al referirnos a aquella joven almeriense cuyo preparador de oposiciones le pedía que hablara como si

---

[5] Publicado el 13 de diciembre de 2010.

hubiera nacido en Ciudad Real, que cada persona en situaciones formales –es el caso de una oposición– debería hablar la lengua culta de su ciudad, con lo que estará hablando un español estándar que nada tendrá que envidiar al de cualquier otro lugar. Y esto exige rechazar tanto una posible pronunciación castellana, por artificial y forzada, como una pronunciación excesivamente coloquial, cuando no vulgar. Un castellano, diría sin esfuerzo alguno, *son las seis*, lo que para nosotros sería, en el mejor de los casos, algo artificioso, postizo, forzado; un almeriense que hable mal diría, en esa misma situación, *son la^h sai^h*, una pronunciación vulgar, con excesiva apertura de la *e* de *seis* que llega a oírse casi como *a*; otra persona también nacida en Almería, más o menos culta, dirá *son la sei^h*, lo que es español estándar, correcto, tanto como cualquiera.

Terminaré este artículo con dos anécdotas muy conocidas entre los filólogos; ambas se las debemos a Don Manuel Alvar, expresidente de la Academia Española de la Lengua y gran estudioso de las hablas meridionales. Cuenta Don Manuel que cuando estaba haciendo las encuestas para la elaboración del Atlas Lingüístico y Etnográfico de las Islas Canarias, y ante la pregunta *¿qué se habla aquí?*, un informante de la isla de La Palma le contestó que allí hablaban español «porque castellano no lo sabemos hablar». Pues eso es lo que nos pasa también a los almerienses... que nosotros hablamos español pero no castellano, porque este dialecto no sabemos cómo se habla.

No hablemos, sin embargo, de cualquier manera; despreciemos las opiniones, vengan de quienes vengan, que defienden que todo vale, que qué más da, que lo importante es entenderse y que la lengua puede con todo. No hemos de olvidar, por ejemplo, que el lenguaje es una fuente importante de información acerca de las personas con las que tratamos; su forma de hablar sirve para ubicarlas (modestas, soberbias, hipócritas, soeces, machistas, cultas, incultas, etc.); es una magnífica carta de presentación.

Evitemos, en situaciones formales especialmente, las pronunciaciones apartadas de nuestra norma culta. Huyamos, y esta es la segunda anécdota que nos cuenta Juan Valera, de ese maestro andaluz que les decía a sus alumnos: *niño, zordao, barcón y mardita zea tu arma ze e^{h}criben con ele*. ¿O mejor así?

ANEXO 4

Sobre lenguaje político (I)[6]

El pasado veintitrés de octubre me sorprendió una serie de preguntas retóricas que una senadora catalana dirigió al presidente del Gobierno; lo hizo de esta manera:

> ¿(de) Qué tiene miedo Sr. Rajoy? ¿De la voluntad popular?
> ¿(de) Qué tiene miedo Sr. Rajoy? ¿Del diálogo?
> ¿(de) Qué tiene miedo Sr. Rajoy? ¿De la democracia?

No me había repuesto de la extrañeza, cuando otra mayor me asaltó cinco minutos después; en el mismo telediario, oí a la tonadillera Isabel Pantoja dirigirse al juez de esta otra guisa:

> Era yo la que le daba a él
> Era yo quien lo mantenía
> Era yo quien le di trabajo
> Era yo quien le pagaba su sueldo

Ambas estructuras, muy parecidas y a las que denominamos *series enumerativas*, tienen un valor considerable en el lenguaje político, del que más tarde hablaremos. Antes, quisiéramos apuntar que la segunda sorpresa fue mayor aún que la primera porque no es normal que alguien, en esas circunstancias, utilice estructuras de este tipo, con repetición, además, de un término: «era yo quien» al inicio de cada frase. Es más, si consideramos que el nivel cultural de la persona que así habla es medio o bajo, no sería muy arriesgado pensar que la cantante lo llevara preparado y aprendido de memoria, algo que no habría de resultar complicado a quien acostumbra a retener muchas canciones a lo largo de su carrera. La frase tuvo su efecto positivo, y todos los medios de comunicación se hicieron eco de ella al día siguiente.

La extrañeza anterior, la que me produjo lo dicho por la senadora catalana, no se debió a que empleara preguntas retóricas, pues este tipo de preguntas que no esperan respuesta son propias del discurso político, y, por tanto, frecuentes en los discursos parlamentarios; tampoco mi asombro lo produjo el hecho de que la senadora empleara las citadas series enumera-

---

[6] Publicado el 7 de enero de 2013.

tivas, como la tonadillera, con repetición de palabras: «¿Qué tiene miedo Sr. Rajoy?» al inicio de cada nueva idea, pues tal mecanismo, como ocurre con las preguntas retóricas, también es propio del discurso político, donde se usa con asiduidad. En este caso, mi sorpresa procedía del ataque al principio de corrección que suponía el decir tres veces seguidas ¿Qué tiene miedo Sr. Rajoy?, en lugar del correcto ¿De qué tiene miedo, Sr. Rajoy?, que es lo que hubiéramos dicho cualquier persona con un conocimiento normal del español. Lo que queda fuera de toda duda es que tanto la cantante como la senadora se apoyaron en el lenguaje para hacer el mensaje más atractivo, más directo, más convincente, posiblemente, más creíble y, sin duda, más fácil de fijar en la mente de cualquier interlocutor. En el intento de convencer, este tipo de estructura paralelística tiene gran capacidad de convicción; el uso rítmico de cada uno de los elementos que componen las distintas frases y, especialmente, la repetición de determinadas formas (mismas palabras, mismos tiempos verbales, etc.) mueven a los oyentes emocionalmente y contribuyen a una supuesta mayor convicción en lo que se dice. De hecho, ese mismo día, ambas citas eran recogidas por todos los medios de comunicación.

Según Iribarren, la frase «Bien sería, pero no es necesario» tan usual en muchos pagos, procede del *Catecismo* del padre Astete, cuando en dicho texto se pregunta:

— *¿Y es menester siempre que uno cae en pecado mortal confesarse luego para que se le perdone?*
— *Bien sería, pero no es necesario.*

Y posiblemente no hubiera sido tampoco necesario tan largo preámbulo como el que el lector ha leído para justificar el tema que hoy iniciamos y que trataremos a lo largo de varios artículos: el lenguaje político y sus mecanismos de expresión, entre los que las series enumerativas (como las empleadas por la senadora y por la cantante) son de los más frecuentes.

El lenguaje político, como todo lenguaje especial (en el sentido de lenguaje distintivo de grupo, utilizado por los políticos en el cumplimiento de sus funciones), tiene una serie de rasgos que lo caracterizan y le dan un estilo determinado; entre ellos, cabe hablar de la *repetición*, el *enmascaramiento de la realidad*, la *ambigüedad*, la *creación de léxico*, las *preguntas retóricas*, etc. Y como el discurso político, como le ocurre entre otros al publicitario, pretende *hacer saber* con objeto de *hacer hacer* a sus interlocutores, a los rasgos apuntados habrá que sumar dos nuevos: sus caracteres *apelativo* y *persuasivo*. Es apelativo porque se pretende influir en alguien y para influir se ha de persuadir. Ya lo dijo Jenofonte: «Aquellos a quienes obligáis y constreñís a alguna cosa, os aborrecen como si los privarais de algo; aquellos a quienes persuadís os aman como bienhechores». De repeticiones, de enmascaramientos, de ambigüedades, de apelaciones y de persuasiones hablaremos. Pero será en posteriores artículos.

ANEXO 5

Sobre lenguaje político (II) [7]

Se dice que los griegos del Bajo Imperio sostenían debates especulativos sobre temas tan extraños como el sexo de los ángeles; este empeño, ya raro, lo era mucho más si, como se cuenta, los turcos estaban a punto de tomar Constantinopla, por lo que parecía más coherente el pensar en su defensa y no en los angelitos. De este hecho procede la famosa frase «Discusión bizantina», con la que significamos nuestro repudio por trifulcas ociosas que no tienen en cuenta los problemas auténticos y apremiantes. Esta idea la aplicamos a veces a nuestros políticos, sobre todo cuando percibimos que cierta cuestión no es prioritaria en determinado momento. Pues bien, incluso en esos casos el lenguaje político utilizará sus propios mecanismos, a los cuales aludíamos en nuestra columna anterior. Por ejemplo, la repetición.

En los discursos políticos encontramos varios tipos de repetición. Así, el arquetipo es el que se da con la insistencia en el uso de un término por encima de los demás; por ejemplo, *libertad, seguridad, democracia, crisis, asistencia sanitaria, nación, país, recortes, ajustes,* etc., son vocablos que, según quienes los empleen, suelen dar un matiz ideológico al mensaje. Así, un estudio reciente sobre el presidente de Ecuador Rafael Correa muestra el uso constante del término *revolución,* a veces solo o a veces con distintos adjetivos: *revolución ciudadana,* como sinónimo de cambio que tiene como agente la ciudadanía; *revolución universitaria, cambios revolucionarios,* para referirse a la reforma de la política salarial que se promovía desde su Gobierno, etc. Algo normal por parte de un presidente calificado, negativamente por la oposición, como *populista.*

No es extraño, por consiguiente, que en nuestros días, tras un acontecimiento importante, los analistas políticos utilicen el «*Wordle*», una herramienta que hace nubes de palabras a partir de lo dicho en las intervenciones, lo que permite conocer qué términos son más usados y cuál ha sido su frecuencia. Así, en 2011, el presidente del Gobierno, en su discurso inicial sobre el estado de la nación, empleó por encima de las demás tres palabras: «gobierno», «crisis» y «empleo», lo que conocida la situación del país pues no nos ha de extrañar. Por parte de Rajoy, las más utilizadas fueron «gobierno» y «españoles» (tras los cuarenta casos en que usó «señor», «Rodríguez» y «Zapatero»).

---

[7] Publicado el 21 de enero de 2013.

Pero nosotros, al hablar de repetición queremos referirnos también a otras estructuras diferentes, las *series enumerativas*. ¿Qué son las series enumerativas?

Se dijo durante un tiempo que Obama es presidente por sus discursos, en los que mecanismos oratorios (entonación, series enumerativas, musicalidad) se mezclaban con la Biblia, la iglesia baptista o Martin Luther King. El 27/IX/2008 tuvo lugar el primer cara a cara entre los aspirantes a la presidencia de Estados Unidos. La mayoría de la prensa coincidió: *a)* en que no hubo un ganador claro; *b)* en que el debate resultó algo aburrido, y *c)* en la actitud enormemente cautelosa de ambos aspirantes. Y también destacó parte de esa prensa el siguiente enunciado –formado por una contundente serie enumerativa– como la mejor y más rotunda frase de Obama en todo el debate:

> Hablas siempre como si la guerra hubiera empezado en 2007, pero la guerra empezó en 2003, y en ese momento, cuando la guerra empezó tú
> *dijiste que* iba a ser rápida y fácil, *y estabas equivocado*
> *dijiste que* sabíamos dónde estaban las armas de destrucción masiva, *y estabas equivocado*
> *dijiste que* íbamos a ser recibidos como libertadores, *y estabas equivocado* ///

Pero este tipo de estructuras, tan antiguo, sigue siendo hoy uno de los mecanismos que más encontramos en los discursos políticos. ¿Qué persona que tenga una edad determinada no recuerda a Adolfo Suárez, en 1977, como candidato de UCD a la presidencia del Gobierno, *prometiendo* lo que iba a hacer si los españoles le dábamos nuestro voto?:

> *Puedo prometer y prometo* que nuestros actos de gobierno constituirán [...]
> *Puedo prometer y prometo* intentar elaborar una Constitución [...]
> *Puedo prometer y prometo*, porque después de las elecciones ya existirán [...], etc.

Para concluir en la octava serie, o sea en la octava vez que repetía la misma estructura con el cierre siguiente:

> *Puedo, en fin, prometer y prometo* que el logro de una España para todos no se pondrá en peligro por las ambiciones de algunos [...]

Hemos citado estos dos casos por ser los más conocidos, pero los discursos actuales de nuestros líderes están llenos de estas estructuras, aunque quizás no tan largas como la del expresidente Suárez. Pero haberlas, las hay. De algunas otras y de la intención que persiguen quienes las emplean hablaremos en quince días.

ANEXO 6

Sobre lenguaje político (III) [8]

En nuestra última columna aludíamos a Obama y al expresidente Adolfo Suárez. Fue al referirnos al uso que ambos líderes hacen en sus discursos políticos de lo que denominamos allí *series enumerativas*, o sea la repetición de frases cargadas de intención y con unas estructuras paralelísticas. La elección de ambas personalidades vino motivada por ser dos políticos muy conocidos para los españoles, si bien tal forma de expresión aparece con mucha frecuencia en casi todos los discursos políticos de ayer y de hoy. Como recordatorio vamos a citar dos casos más; el primero lo emitió Rajoy, en el debate en torno al estado de la nación (2007), cuando se dirige a Zapatero de esta manera:

> un gobernante
>   *puede* perder la confianza de los ciudadanos si comete un error grave,
>   *puede perderla* igualmente si retuerce la ley,
>   *puede perderla*, en fin, por mentir.
> usted ha hecho las tres cosas:
>   *ha cometido* un error gravísimo,
>   *ha jugado* con la ley y es notorio que
>   está mintiendo a los españoles desde mucho antes de ocupar ese escaño.

El segundo es del expresidente Zapatero y fue emitido en 2002, también en el debate de la nación; el líder socialista, con este tipo de estructura paralelística, se opone a quienes pretenden convencernos de que en la época de la globalización para competir eran necesarios salarios bajos, precariedad laboral, falta o recorte de derechos sociales:

> Quienes dicen eso ahora
>   *son los herederos* de los que en el siglo XIX
>   *se negaban al derecho al seguro de enfermedad,*
>   *se negaban a un sistema público de pensiones,*
>   *se negaban a reducir las horas de trabajo;*
>   *son los que* aquí en los años ochenta no votaron las pensiones contributivas,
>   *son los herederos* de ese discurso.

---

[8] Publicado el 4 de febrero de 2013.

Evidentemente, tales series enumerativas se emplean en los momentos en que el político considera la necesidad de realzar una idea de su exposición. No hemos de olvidar que, en el intento de convencer, tales estructuras tienen una gran capacidad de convicción; el uso rítmico de cada uno de los elementos que componen las citadas series y, especialmente, la repetición de determinadas formas (mismas palabras, mismos tiempos verbales, idénticas estructuras, etc.) mueven a los oyentes emocionalmente y contribuyen a su convencimiento.

Pero entre la repetición de un vocablo, que vimos en el artículo anterior, y estas series largas y paralelísticas, reservadas para esos momentos especiales, existe un tercer tipo de repetición, propio del discurso político pero asimismo empleado en otros discursos. Cuando Zapatero, en el parlamento, dice que su Gobierno va a afrontar determinadas reformas «con todo rigor, firmeza y determinación», utiliza tres términos diferentes, pero casi sinónimos (*rigor, firmeza y determinación*) para calificar sus medidas, y con su uso lo que está haciendo es fortalecer su argumentación, la convicción de su juicio, con tres razones, aunque esas razones repitan una misma idea: la 'energía' con que pretende llevar a cabo su reforma. Es evidente que estas construcciones al mismo tiempo embellecen el discurso. Muy parecido es este otro ejemplo, ahora de Rajoy, en 2006, cuando habla del precio que nos ha costado a los españoles arrinconar a ETA: «nos ha costado un precio muy alto si lo medimos *en la sangre, en el dolor y en la desolación* de las víctimas, un precio muy alto». Es un ejemplo parecido en cuanto que usa los tres elementos de la serie enumerativa (*sangre, dolor, desolación*) si bien sus significados no son sinónimos, sino que aparecen en degradación en cuanto a su contenido (*sangre* parece más duro que *desolación*), además reformado por el sintagma *un precio muy alto*, que repite al inicio y al cierre de la serie.

Es normal, por tanto, que en un lenguaje con el que se pretende persuadir como es el político, la repetición, que implica énfasis, que refuerza las argumentaciones, ciertas o falsas, sea un elemento importante en su discurso. En este, se exagera igualmente los males y torpezas rivales como los avances y aciertos propios, aunque ni tan desgraciados sean unos ni tan dichosos los otros.

En el próximo artículo no hablaremos de mentiras, pero sí de algo tan próximo como es el *enmascaramiento* de la verdad, una forma de manipulación propia del lenguaje político. Posiblemente, el ejemplo más conocido sea el de Zapatero y sus doce sintagmas para evitar el vocablo crisis durante un debate: *situación ciertamente difícil y complicada, condiciones adversas, una coyuntura económica claramente adversa, brusca desaceleración, deterioro del contexto económico, ajuste, empeoramiento, escenario de crecimiento debilitado, período de serias dificultades, debilidad del crecimiento económico, difícil momento coyuntural, empobrecimiento del conjunto de la sociedad, gravedad de la situación y las cosas van claramente menos bien.* Un ejemplo maravilloso de engrandecimiento de la lengua española.

ANEXO 7

Sobre lenguaje político (IV)[9]

En el capítulo XXI de la segunda parte de El Quijote, tiene lugar el engaño del enamorado Basilio, quien finge estar herido de muerte para conseguir la mano de la bella Quiteria. La boda de esta con el rico Camacho, tras la farsa, toma un nuevo rumbo y Basilio consigue su deseo: casarse con Quiteria. Ante tamaño dislate, Don Quijote, tras reconocer que en la guerra y en el amor se han de tener por buenos los embustes y marañas que se hagan para conseguir el fin que se desea, afirma, en el capítulo siguiente, que «no se pueden ni deben llamar engaños los que ponen la mira en virtuosos fines». Ante tal opinión del valeroso caballero, se nos ocurre pensar si Don Quijote no debería haber incluido junto a la guerra y el amor la política, so pena de que la diera por contenida en el término guerra. Es evidente que los políticos utilizan las más dispares estrategias para emboscar la realidad, hecho al que vamos a denominar *enmascaramiento* lingüístico, y del que ya vimos un ejemplo en el artículo anterior: los doce sintagmas empleados por Zapatero para evitar el vocablo *crisis*, en 2008, durante un debate político.

A finales de octubre del año pasado, cuando se dieron las cifras del paro y este, por primera vez en democracia, alcanzaba el 25% y apuntaba a los seis millones de personas, la ministra de Empleo y Seguridad Social, Fátima Báñez, dijo, entre otras cosas, que nuestra economía daba señales esperanzadoras porque los datos «muestran una desaceleración en el desempleo», frase esta última con la que pienso que quería decir que el paro había crecido si bien menos de lo esperado. Sin embargo, su construcción, menos entendible que la mía, se prestaba más a la ocultación de la realidad.

En los últimos días de junio de 2011, en el debate en torno al estado de la nación, Zapatero se expresaba de esta guisa:

> Esta es, señorías, la situación en que se encuentra la economía española. Crece, a diferencia de algunos países europeos que han sufrido en mayor medida las crisis de las deudas soberanas, lleva cinco trimestres consecutivos haciéndolo a un ritmo progresivamente superior, y así prevemos que siga en los próximos meses. Pero crece menos que las grandes economías europeas y menos de lo que necesitamos para

---

[9] Publicado el 18 de febrero de 2013.

reducir de forma consistente el desempleo. Crece sobre todo gracias al empujón del sector exterior, de las exportaciones y del turismo, y no lo hace más por la debilidad de la demanda interna [Zapatero 2011].

¿Cómo habría que preocuparse con una economía que crece? Se enmascara la realidad cuando se oculta la verdad, se disfraza lo feo de bonito o neutro, cuando se esconde mediante vaguedades los problemas graves o cuando, directamente, mediante embustes y marañas se miente.

Uno de los mecanismos empleados para esta distorsión es el eufemismo, proceso que conduce a evitar la palabra con que se designa algo molesto, negativo, sucio, inoportuno, etc., sustituyéndola por otra expresión más agradable. En nuestros días, dos términos, entre otros, se disputan el espacio político: *ajustes* y *recortes*; el primero lo emplea el poder desde el gobierno; el segundo, todos los demás. El primero es un eufemismo del segundo. Para conseguir estos efectos, tal figura literaria recurre a técnicas diferentes. Nosotros vamos a referirnos a tres de estos mecanismos: *lenguaje atenuado*, del que hablaremos en este capítulo, *lenguaje redundante* y *lenguaje vago*, de los que nos ocuparemos en el próximo.

El *lenguaje atenuado* es el más conocido y comentado por la ciudadanía y los medios de comunicación. No es lo mismo decir *inseguridad ciudadana* que *criminalidad*; *conflicto laboral* que *huelga*, *reajuste de precios*, que *subida de precios*; *flexibilidad de plantilla*, que *despido*, etc.

Según Pedro Luis Barcia, titular de la Academia Argentina de Letras, estas expresiones o eufemismos en lo político y económico toman fuerza a partir del siglo XX, cuando asesores y lingüistas al servicio de los gobernantes comienzan a sugerir que las cosas se denominen de manera más indirecta para que no sean tan contundentes, «se reflexiona bastante para la designación engañosa tapadora de la realidad».

Quienes tenemos algunos años hemos de recordar que durante la dictadura de Franco la palabra *huelga* no era bien aceptada, por lo cual, en los medios de comunicación, la denominación semántica utilizada era sumamente variable y eufemística: *conflictos colectivos, anormalidades laborales, inasistencias al trabajo, ausencias injustificadas, paros parciales, abandonos colectivos, paros voluntarios, irregularidades laborales, fricciones sociales*, etc. En nuestros días, el copago ya no es ni copago ni repago es como dice Soraya Sáenz de Santamaría «un recargo temporal de solidaridad». Además, las prestaciones sociales (los servicios de toda la vida) no se recortan ni se eliminan, solo se racionalizan, se ajustan o se reestructuran. Pues eso.

ANEXO 8

Sobre lenguaje político (y V) [10]

Hablábamos en nuestro último artículo del eufemismo como mecanismo de enmascaramiento empleado para la distorsión de la realidad; decíamos que con su uso se intenta evitar la palabra con que se designa algo molesto, negativo, perjudicial, etc., sustituyéndola por otra expresión más agradable. Asimismo, indicamos nuestra fijación en tres de las técnicas que tal mecanismo recurre para conseguir su objetivo: lo que se denomina *lenguaje atenuado*, del que ya hablamos en el referido artículo, *lenguaje redundante* y *lenguaje vago*, y de estos dos nos ocuparemos ahora.

Hablamos de *lenguaje redundante* cuando percibimos en un discurso que la realidad se enmascara mediante muchas palabras y pocos datos: «Estamos intentando dar una respuesta coyuntural a los elementos coyunturales de la crisis y una respuesta estructural a los problemas estructurales» [Felipe González (*ABC*, 8/12/93, pág. 17)] o esta otra: «El ministro francés tiene sus ideas políticas y yo tengo mis ideas políticas, pero, claro, él es francés y yo soy español» [José María Aznar (El Informal, T5, 12/3/99)]. A veces la redundancia se hace mediante mecanismos que manifiestan la verdad del político en clave partidista, pero sin aclarar en qué consiste lo dicho. Nada precisa Rajoy sobre su bálsamo de Fierabrás cuando, en 2010, dice esto:

> Señorías, la situación sería muy grave si en el horizonte de los españoles no apareciera más opción que la que usted representa. Afortunadamente saben que cuentan con una alternativa, con otra manera de hacer las cosas, es decir, con una esperanza. Existe una alternativa que cuenta con un diagnóstico objetivo de la situación, que no teme decir la verdad a los españoles, que, porque ya lo hizo en su día, sabe lo que hay que hacer y que disfruta del crédito para convocar a toda la nación a la tarea, porque le mueve un propósito obsesivo e indeclinable de crear empleo [Rajoy, 2010].

Y *el lenguaje vago*... ¿qué es el lenguaje vago? Bien porque no convenga dar los datos, bien porque estos no se tengan o se dude de ellos, el político, como el publicitario o el hombre de la calle en general, va a recurrir a de-

---

[10] Publicado el 4 de marzo de 2013.

terminados mecanismos; así, utilizará indefinidos *(algunos, ciertos, bastante, mucho,* etc.), adverbios del tipo *posiblemente, quizás,* fórmulas como *y cosas de esas, etcétera,* o incluso términos *pseudocientíficos,* especialmente empleados en el lenguaje publicitario; el objetivo siempre es enmascarar la realidad aportando datos poco precisos, que poco comprometen. Veamos el texto siguiente:

> Para el conjunto de 2011, el Gobierno prevé una contribución neutra de la demanda interna al crecimiento, lo que constituirá una mejora relativa tras la aportación negativa del menos 1,2 por ciento en 2010. Esta mejora se producirá fundamentalmente por la vía de una mayor renta disponible de los hogares debido a la gradual recuperación del empleo y a la moderación de la inflación, que habrán de impulsar, a su vez, una cierta recuperación del consumo. [Zapatero, 2011]

¿Cómo hemos de entender sintagmas como *mejora relativa, una mayor renta* o *una cierta recuperación del consumo?* Son términos vagos, pues ¿qué tipo de mejora es una mejora *relativa?*, ¿cuánto *mayor* es la renta?, ¿cómo hemos de entender *una cierta* recuperación del consumo?

Podríamos hablar de la constante creación de léxico que acarrea casi diariamente el lenguaje político, de su afecto por las palabras largas, aunque no signifiquen nada nuevo. Aurelio Arteta, volvió en abril de 2012, en las páginas de opinión de *El País,* al tema del alargamiento de palabras. Por ejemplo, entre otras, señala cómo *desincentivar* no es otra cosa que 'frenar', 'desanimar' o 'disuadir'; *ejercitamiento* o la *ejercitación* en lugar de 'ejercicio', *argumentativamente* en lugar de 'argumentalmente', *potenciabilidad* y no 'potencialidad', *precarización* en vez de 'precariedad', operacionalizar, operativizar, bancarizar, bancarización, etc. Ah, y muy importante: no suelen emplear 'enfocar' y 'enfoque' sino que queda mejor *focalizar* y *focalización,* etc., etc.

Decía un dramaturgo francés del siglo XVIII, famoso sobre todo por sus obras de ambiente español, *El barbero de Sevilla* y *Las bodas de Fígaro,* lo siguiente:

> Fingir ignorar lo que se sabe y fingir que se sabe lo que se ignora; fingir entender lo que no se comprende, no oír lo que se escucha, y poder más de lo que está en las propias fuerzas; mantener como secreto la falta de secretos; parecer profundo cuando no hay otra cosa que vacuidad e inanidad; representar mejor o peor el papel de un personaje; esforzarse en ennoblecer la pobreza de los medios con la importancia de los fines; he ahí la política.

Yo no lo pienso así, si bien sí una buena parte de los españoles, para quienes los políticos son el tercer problema del país. Solo el paro y los problemas económicos preocupan más a nuestros compatriotas.

ANEXO 9

¿POR QUÉ SABEMOS SI ALGUIEN HABLA MAL O BIEN? (I) [11]

Cuando oímos a alguien hablar tenemos, *grosso modo*, una opinión sobre su manera de hacerlo; esta persona, decimos, habla bien o esta persona, pensamos en otras ocasiones, lo hace bastante mal. Nuestro juicio vendrá condicionado por el acierto mayor o menor que el individuo haga de los cuatro principios del bien hablar (corrección, claridad, eficacia y adecuación). Aunque a veces no seamos conscientes de cuál es el porqué, sin duda que este tiene que ver con dichos principios. De ellos, el que más fácilmente percibimos a la hora de emitir nuestro dictamen es el principio de corrección, o sea, si la persona que habla se adecua a las normas gramaticales, fonéticas, semánticas o pragmáticas del español.

Imaginemos que estamos oyendo a un sujeto no muy dotado lingüísticamente y se nos pregunta qué pensamos de su forma de hablar; responderemos, sin dudarlo, que no nos gusta. Y no nos gusta, posiblemente, porque se aparta demasiado de la norma estándar del español cuando dice que son *lah saih* convirtiendo la /e/ en /a/, confunde los fonemas l/r en situación implosiva (*arcarde* o *mardita sea tu arma*), pone el artículo delante del nombre propio (*la Juani* o *la Antonia*), o sustituye la forma *haya* por *haiga*. En otros casos, el juicio negativo viene avalado por el descubrimiento de que el aludido personaje no termina sus frases, emplea el anglicismo *doméstico* en vez de *nacional*, utiliza *andé*, donde debería ser *anduve*, constantemente repite *¿vale?* o dice *repetío, comío, orejúo* o *cornúo*. Y así... hasta donde queramos.

Igual de fácil será el juicio si, por el contrario, la persona que habla utiliza bien las preposiciones, si su pronunciación almeriense (*lah seih*) es la de nuestra norma estándar (lo que la hará pertenecer al mismo tiempo al español estándar), su léxico lo percibimos como rico y adecuado a la situación en que se habla, su empleo de las pausas y de los silencios nos parece el oportuno, etc. Con esto queremos decir que en nuestra condición de tribunal es el principio de corrección el que se destaca a la hora de emitir el juicio sobre el habla de otra persona.

---

[11] Publicado el 15 de octubre de 2012.

Sin embargo, hay otros aspectos menos perceptibles por parte de los oyentes, que asimismo inciden en tales juicios, sean estos negativos o positivos. Por ejemplo, en el caso negativo, podemos encontrarnos ante una persona que hable de forma atropellada, con reiterados empleos de muletillas o repitiendo machaconamente una misma idea. Su discurso será redundante, con constantes repeticiones que evitan que los fragmentos contribuyan al avance informativo del texto, algo que no solo va contra el principio de claridad, sino también en contra del de eficacia. Veamos cómo se expresa esta señora de Almería, algo mayor, cuando el entrevistador (A) le pregunta por su infancia y sus juguetes:

- A: ¿usted, a qué jugaba de pequeña?///
  B: pues sí // *entonces había pocos juguetes* // *no había casi ningún juguete* // veía una muñequilla de cartón / y nos volvíamos locos de contentos // y entonces no había tantos juguetes /// sí // yo ya tengo sesenta y tres años, sesenta y cuatro, sesenta y cuatro… // *así que pocos juguetes teníamos* // y lo/ y to(d)o lo valorábamos mucho // lo que ahora no lo valoran nada // que es tanto lo que tienen que to(do) lo tiran por el suelo// y a mí me da mucha lástima // me da mucha lástima porque *nosotros no teníamos juguetes*/// Le compras un juguete / llegas / y al momento la (ha) desnuda(d)o to(do) // *pum*, AL SUELO TIRA(D)O // y me da mucha lástima // y no valoran na(da) // *y antes pues no había casi ningún juguete*/// (04bM3C)

O esta otra señora, que repite una y otra vez que ella *vive en su casa y no se preocupa de la gente del barrio,* cuando el entrevistador (A) le pregunta qué le parece el barrio:

- A: ¿y: qué le parece?/// :
  B: el barrio estupendo/ mu(y) tranquilico // *yo vivoo en mi casa* // *no vivo en el barrio* // *vivo en la casa/* como ya sabes// yy ya está /// No me preocupa a mí las vecinas // y es que nos metemos aquí en la casa / y no me preocupo yo dee si pasa /o no pasa algo a las vecinas/// Yo si me asomo a mi ventana o mi balcón doscientas veces / no me importa // bueno, estoy en mi casa // peroo preocuparme de las vecinas y eso no // yo vivo en mi casa y ya está /// (02b2M3C)

El bien hablar exige que cada nuevo acto discursivo aporte una nueva idea o, en otros casos, una reformulación de la idea anterior (corrección, rectificación, explicación, aclaración, etc.). Lo que es inadecuado y criticable, y, por tanto, se ha de evitar, es esa repetición constante y atolondrada de un mismo pensamiento, que es lo que hacen nuestras dos personas entrevistadas. Pero hay más elementos que deslucen el habla y motivan nuestro juicio, y de ellos hablaremos en el próximo artículo.

ANEXO 10

¿POR QUÉ SABEMOS SI ALGUIEN HABLA MAL O BIEN? (II)[12]

En el español normativo, la letra R tiene dos pronunciaciones: una producida por una vibración simple de la punta de la lengua en la zona alveolar (fonema /r/), que se corresponde con la *r* simple intervocálica o detrás de consonante; y otra igual a la *r* simple pero con vibración lingual múltiple (fonema /rr/), que se corresponde con la *r* doble (*rr*) o la *r* simple inicial (rata) o detrás de /n/, /l/ y /s/ (enredo, alrededor, Israel). Si el primer sonido es algo complicado para los extranjeros, la pronunciación del segundo se les hace casi imposible. Y de ahí puede ser que se creara el dicho «erre que erre», pues se supone que los hablantes no nativos del español para vencer la dificultad de su pronunciación se pasaban las horas muertas «erre que erre». Es posible que no sea este el origen y la idea sea mera invención, pero lo que sí es cierto es su significado: «hacer algo obstinadamente, con terquedad». Y reconozco que algo de ello hay en esta insistencia mía al recordar ciertas cuestiones relacionadas con el bien y el mal hablar.

En efecto, en nuestra columna última aludíamos a determinados usos lingüísticos que afean el habla de una persona; terminábamos con las respuestas de dos señoras almerienses que repetían constantemente la misma idea, creando un discurso redundante y que representaba un atentado contra el principio de claridad y eficacia. Nosotros, *erre que erre*, vamos a insistir hoy en algunas otras transgresiones.

Por ejemplo, nuestro juicio sobre un hablante no será positivo si abusa de ciertas muletillas; es lo que le ocurre a esta persona con el *entonces,* que utiliza cada vez que va a pasar de una idea a otra.

> *entonces* decidimos hacer la obra // *entonces* pensamos en representar el Don Juan / que tiene mucho morbo // *entonces* cuando hacíamos la obra de teatro / a continuación eran los coros// y *entonces* estábamos todas así muy ilusionadas ///

o a esta otra, que termina sus enunciados con una coletilla del tipo *¿me entiendes?*:

---

[12] Publicado el 29 de octubre de 2012.

> Estoy en un ambiente que no es el apropiado, pero sin embargo sé donde tengo que meterme, ¿*me entiendes?*; y bueno como te he dicho antes, con estas drogas se pretende conocer el mundo, ¿*entiendes?*; y quienes las toman no saben que eso no se sabe cómo va a terminar; pero bueno claro, todo lo que te pongan por delante si quieres que te lo pongan, pues, vas y lo pruebas porque quieres sentir cosas nuevas, ¿*me entiendes?*

Igualmente, suma en esa balanza del desprestigio lingüístico la incapacidad de otros hablantes para terminar sus frases; estos, faltos de fluidez al no encontrar las palabras que buscan, dejan las frases inacabadas.

> • *pues bueno* / unas sensaciones extrañas ¿*no?* en principio // y a la vez tiene... *no sé...* // le veo fuerza ¿*no?* fuerza // le veo misterio, le veo... // y *parece parece* mentira que sea una plaza de toros ¿*no?* / tan envuelta en... // parece como un cine un teatro ¿*no?* ///

Otros sujetos hablantes, ante la misma dificultad de procesamiento, rellenan el final con ciertas coletillas de cierre que no significan nada, como *y tal y tal, y eso, y esas cosas,* etc., sin que vengan a cuento por el significado del texto. Cuando esas coletillas se repiten una y otra vez, se convierten en muletillas. Durante mucho tiempo, en España, cuando se parodiaba a un famoso exalcalde de Marbella, hace años fallecido, los imitadores coincidían siempre, como recurso jocoso, en terminar los enunciados con la fórmula *y tal y tal*. Otro famoso –este, cómico– al imitar a una conocida farandulera solía pronunciar cada cuatro o cinco palabras la forma *y eso*. El presentador de un programa tan conocido como los «Muñecos del guiñol» repetía, para hilaridad de los oyentes, este tipo de formas: *etcétera, etcétera* o *y tal y cual*. En todos los casos, tales parodias aludían a un empleo vacío, desacreditado, reiterativo de estos mecanismos, lo que incide en un uso también desprestigiado de la lengua.

Juntos o separados, los rasgos vistos en estos dos artículos empeoran la locución. Y no hemos de olvidar que el lenguaje tiene carácter ubicador; queremos decir que nuestra manera de hablar revela muy frecuentemente nuestro nivel sociocultural. Desde este punto de vista es cierta la idea tan extendida de que según sea el saludo, así será la situación social que se le reconozca a la persona. Ahora bien, como malo es el error y peor es perseverar en él, bueno es que apliquemos a nuestra lengua esta socorrida frase: «La rosa y la espina como el error y la virtud todo forma parte de una misma mezcla», pues la rosa y la virtud también están detrás de otros usos, de otros modos que, contrariamente a lo vistos hasta ahora, embellecen nuestro decir. Y de esos también queremos hablar en una próxima columna.

ANEXO 11

¿POR QUÉ SABEMOS SI ALGUIEN HABLA MAL O BIEN? (III)[13]

Nos hemos referido en los dos artículos anteriores a algunos usos del habla que atentan contra los principios de corrección y claridad. Pero errores y aciertos, como la rosa y la espina o la virtud y el vicio, forman parte de una misma mezcla y también de nuestra habla. Un buen uso de la gramática, un empleo rico y adecuado de nuestro léxico, una pronunciación propia de la norma culta del lugar de nacimiento, una forma correcta de unir nuestras ideas o huir de las ambigüedades serán, entre otras, cualidades para juzgar el habla no solo como correcta, sino incluso como exquisita según los principios citados de corrección y claridad. Pero junto a estos dos, hay otros dos principios del bien hablar: los de adecuación y eficacia. Comencemos por el principio de adecuación. ¿Qué se entiende por principio de adecuación?

Es algo parecido a lo que los clásicos llamaban el *decoro*, o sea la necesidad de adaptar el estilo de habla que empleemos en nuestra vida ordinaria –y no digamos nada en las situaciones más formales– al contexto en que tiene lugar la interlocución: espacio, campo de acción, relación con nuestro interlocutor, tema, etc.

Comentaba el catedrático granadino y académico Don Gregorio Salvador, con buen humor, un hecho que le aconteció siendo Director del Departamento de Filología Española de la Universidad Complutense de Madrid. Una alumna le dirigió una instancia siguiendo las normas tradicionales de tales documentos, y tras mucho *Ilmo.Sr.* y mucho *expone* y mucho *suplica*, concluía su petición de este sorprendente modo: «Muchos besos, Estrella». El principio de adecuación saltó por los aires cuando todo parecía que iba a terminar bien. Los besos de Estrella son una muestra de inadecuación.

Una pincelada de humor, por ejemplo, en cualquier tipo de contacto verbal puede ser un acicate que haga la comunicación mucho más agradable, más viva y más amena; ahora bien, si el intento de gracejo no es adecuado en ese momento, la sintonía entre los interlocutores saltará hecha añicos. Igualmente va a ocurrir con un uso agresivo que pueda resultar insultante, hiriente, en un momento determinado o con la ruptura del orden en la re-

---

[13] Publicado el 12 de noviembre de 2012.

lación profesor/alumno mediante interpelaciones del tipo *¿qué hay tío?* ¿Ustedes imaginan, por ejemplo, un escrito para solicitar un trabajo con emoticonos o el lenguaje reducido de los mensajes? ¿Acaso conciben la utilización de un estilo recargado en una conversación ordinaria, en el ascensor, con nuestro vecino del quinto? Lo que en registros formales podría incluso pasar inadvertido –aunque nunca sea aconsejable– en el coloquio resulta tan impropio como si en él utilizáramos términos como *argento, livor* o *adunco.* Serán todos actos donde brille por su ausencia el principio de adecuación, con la consiguiente quiebra de una comunicación positiva.

Esto que decimos es tan obvio, tan natural, que tal principio de adecuación está en la mente de todos nosotros a la hora de empezar cualquier tipo de contacto. Quien prepara una breve exposición o un breve discurso de despedida lo hace sabiendo quiénes son sus interlocutores y aplicará tal principio incluso sin haber oído nunca hablar de él; lo contrario sería un acto poco juicioso o como poner el carro delante de los bueyes. Decimos esto porque lo que puede funcionar bien en un determinado momento no tiene por qué hacerlo en otro. Una de las cosas en las que Isócrates hacía hincapié, como también Aristóteles, era en la importancia del *kairós* u oportunidad: un discurso tenía que estar adaptado a la ocasión. Así, en un contexto formal el empleo de ciertos coloquialismos puede resultar tan inapropiado como el uso, por ejemplo, de un léxico muy culto en una situación familiar. Ya indicamos en otras columnas que hay términos que, si bien no son más correctos, pueden ser más adecuados cuando estamos con nuestros amigos, aunque nunca deberíamos decirlos si estamos en una situación más formal. Así, podré decir en casa, hablando relajadamente, *alante,* variante reducida del adverbio de lugar *adelante,* que será la única correcta en situaciones de formalidad; igualmente ocurre con *acabao* en lugar de *acabado* o *adentro,* en lugar del único correcto en español: *dentro.* Son como licencias en el habla coloquial, caracterizada por ser más expresiva y emotiva al emplearla con gente cercana.

Se dice que es anónima esta cita: «Si quieres ser discreto, observa bien estos seis preceptos que te recomiendo: qué es lo que dices y dónde, de qué, a quién, cómo y cuándo». Pues viva el anónimo porque así no fallaremos en la adecuación de nuestro discurso. Ah, y no olvidemos que no hay espejo que mejor refleje nuestra imagen que nuestras palabras. Lo dijo Luis Vives.

ANEXO 12

¿POR QUÉ SABEMOS SI ALGUIEN HABLA MAL O BIEN? (y IV) [14]

«Dar en la vena» es un dicho popular con el que se indica que alguien ha encontrado el medio que le permite conseguir su deseo. El término *vena* no procede del órgano humano, sino de otra acepción del vocablo: «Conducto natural de agua subterránea». La frase, por tanto, como asegura Iribarren, tiene su origen en el descubrimiento de una vena de agua. Hemos hablado en artículos anteriores del principio de corrección, claridad y adecuación. Nos queda para este artículo el cuarto, el de eficacia, cuyo buen uso viene a ser algo como *Dar en la vena* y conseguir nuestro objetivo, que no es otro que saber trasmitir a nuestros interlocutores aquello que 'realmente' queremos decir.

Todos sabemos que cuando hablamos 'negociamos', es decir, intentamos conseguir algo: convencer a nuestro vecino para que no grite tanto, a nuestros hijos para que lleguen más temprano a casa o a nuestros compañeros para que acepten determinada cuestión. De ahí la importancia de que nuestro mensaje se procese de manera que resulte eficaz. Solo así cumplirá su función. Curiosamente, este principio es el menos perceptible por parte de los oyentes, si bien es el que más influye en que lo dicho sea más convincente cuando lo intente ser; más irónico cuando lo pretenda; más afectivo cuando lo procure; más didáctico cuando lo quiera; más persuasivo cuando lo desee; y también, más falaz cuando lo anhele o más manipulador cuando así se proponga.

Para hacer que la locución sea más *eficaz* los hablantes afinaremos nuestra capacidad de expresión y buscaremos las palabras y los mecanismos que resalten la finalidad de nuestra intención: el empleo de diminutivos, el uso de formas de cortesía, una cita oportuna, el ingenio de las comparaciones, una argumentación contundente, etc. Operaremos a la hora de emitir nuestros mensajes con las palabras y sus diferentes sentidos, con su orden y su posición, con su presencia o su ausencia, etc. Y habrá personas que lo sabrán hacer mejor y darán en la vena; otras que no lo conseguirán, incluso muchas, aunque posiblemente menos de las que se piensan, que ni se lo planteen.

---

[14] Publicado el 26 de noviembre de 2012.

El discurso ordinario, el de todos los días, será más eficaz si huye de la oscuridad y de la ambigüedad y es capaz de ser escueto, claro y ordenado a la hora de exponer nuestras ideas; también, si es hábil para que nuestra contribución se manifieste tan informativa como sea necesaria no más y, por supuesto, sea pertinente y no se ande por las ramas. Claro, si todo ello, que no es poco, va acompañado de un hálito de riqueza de estilo mediante una selección léxica adecuada, alguna comparación acertada, un argumento oportuno, determinada cita pertinente, etc., estaremos ante una manera de hablar práctica y elegante.

Obviamente, mucho más sofisticados son los mecanismos empleados en lenguajes formales como el jurídico, el publicitario, el político, etc. En todos ellos, tales procedimientos se retuercen –sin dejar de ser fácilmente inteligibles– con fines retóricos y con objeto de hacer más efectivo lo dicho. Por ejemplo, veamos el final del discurso inicial emitido por Rajoy en el debate en torno el estado de la nación celebrado en 2011:

> *No diré que baste* con renovar el Gobierno para solucionar los problemas, *no basta*; tampoco *diré que sea tarea fácil, no será tarea fácil*; al contrario, lograr que los españoles pongan el pie en la senda de la recuperación me parece una obra titánica. Lo que sí quiero decir es que España *quiere hacerlo, que se puede hacer, y que como se puede hacer tenemos el deber moral de hacerlo, y yo garantizo que lo haremos* tan pronto como los españoles lo decidan y el señor Rodríguez Zapatero lo permita. [Rajoy, 2011]

Aquí, entre otros mecanismos, destacan tres figuras oratorias que cumplen diferentes funciones en el mensaje. La repetición del inicio de los dos primeros argumentos *no diré que... tampoco diré que...* (anáfora), que sirve para reforzar su valor comunicativo; lo refuerza porque estos argumentos quieren cumplir otra función, la *concessio*, figura que consiste en conceder parte de la razón al adversario en el asunto sobre el que se está discutiendo (*sé que no va a ser fácil cambiar la situación*); con lo que se intensifica la importancia y veracidad del contraargumento (*pero a pesar de eso hemos de hacerlo*). Es más, hay una tercera figura que intensifica (*hacer, hacerlo, hacer, hacerlo, haremos*) y que se llama *poliptoton*; consiste en emplear varias formas de la misma palabra que quiera destacarse, utilizando los morfemas flexivos de esta. Hay más, pero con esto es suficiente. ¡Joroba! ¡Cómo se las gastan nuestros políticos!